沟通心理学 2

不同场景下的说话策略

彩沄心理/编著

中国纺织出版社

内 容 提 要

口才对于现代人士的重要性毋庸置疑，但口才不是唱独角戏，而是沟通。实际上，人际关系和沟通能力是闯荡社会的重要资本，懂心理才能让你看透他人心理，提升沟通效率。

本书共分上、中、下三篇，从心理学角度入手，教会读者看人、读心、交流的技巧，通过活泼、生动的案例，深入浅出地阐述了如何识人察人、读心和参与人际沟通，让我们轻松掌握各种场合中的沟通技巧，帮我们达成所愿。

图书在版编目（CIP）数据

沟通心理学.2，不同场景下的说话策略／彩沄心理编著.--北京：中国纺织出版社，2018.4（2023.7 重印）
ISBN 978-7-5180-4478-8

Ⅰ.①沟… Ⅱ.①彩… Ⅲ.①人际关系学—社会心理学—通俗读物 Ⅳ.①C912.1-49

中国版本图书馆CIP数据核字（2017）第315260号

责任编辑：闫　星　　特约编辑：王佳新　　责任印制：储志伟

中国纺织出版社出版发行
地址：北京市朝阳区百子湾东里A407号楼　邮政编码：100124
销售电话：010—67004422　传真：010—87155801
http：//www.c-textilep.com
E-mail：faxing@c-textilep.com
中国纺织出版社天猫旗舰店
官方微博http：//weibo.com/2119887771
大厂回族自治县益利印刷有限公司印刷
2018年4月第1版第1次印刷　2023年7月第3次印刷
开本：710×1000　1/16　印张：13
字数：189千字　定价：39.80元

前言

生活中的人们，在你生活和工作的周围，不知道你有没有遇到过这样的人：他们看起来能力并不突出，外貌也不出众，但在他们所在的圈子里，他们就是如鱼得水，就是“混”得好，无论他们走到哪里，都受到欢迎，他们总能受到上司的器重、客户的关照，所以，他们比别人更容易成功。

其实，他们并没有什么通天的本事，而是因为他们掌握了说话和与人沟通的技巧，他们说出的每句话，都能让别人感到愉快，而且，他们似乎总能用语言引导别人，仿佛他们天生就能做到“呼风唤雨”。也许你不服气他们的成功，并在心中产生疑问，他们到底是怎样做到的呢？

其实你忽略了很重要的一点。在现代社会，无论是职场还是商场，一个人的口才就是软实力，决定了一个人的人际关系。如果别人认同你、喜欢你，就会愿意帮助你、与你开展合作，从而给予你更多的机会，让你获得成功。

当然，要获得别人的认可，除了你自身的实力以外，还有重要的一点：你说出的话要能打动对方的心，拉近彼此的心理距离。

所以，说话对于任何人来说都是至关重要的一件事。要知道，世界上90%的生意都是谈出来的，没有好口才，好的机遇怎会垂青你？口才训练大师戴尔·卡耐基曾说过：“一个人成功，约有15%取决于专业知识，85%取决于沟通能力——发表自己意见的能力和激发他人热忱的能力。”的确，一个人如果连话都说不好，又如何成功呢？

所以，当你在疑惑甚至抱怨那些能说会道的人抢占了成功的先机时，不妨反问自己：为什么自己不能成为这样的人？

其实，你完全可以做到这一点。不过，要想让你说的话产生积极的效用，就要从心出发，攻心为上。

的确，同样都是说话，效果却各不相同。怎样才能让自己的语言达到我们所期望的效果呢？很简单，直指人心的语言才是最有效的。为此，一定要“攻心”，以“心”为重，针对我们说话的对象，具体分析他们的心理状态和弱点，以此来决定什么时机该说什么话，什么时机不该说什么话，或是该说多少话。

在这本书中，你将学到实用高效的沟通技能，提高你在与人交往方面的语言沟通能力。懂点沟通心理学，它可以使你摆脱无所适从的困惑。这样，无论是在与陌生人的交往中，还是在职场中，或是在商业销售与谈判中，你都能够使用本书所提到的心理沟通技巧，在与人沟通时做到畅通无阻。

本书除了从心理学的角度进行了原理和方法的讲解外，还引用了丰富多彩的案例。这些案例能够打开你的思维，有很好的借鉴作用，同时，也便于你理解本书中提到的各种沟通原理、技巧。

当然，要提高你的沟通能力，并不是一朝一夕就能做到的，需要你经过长时间的认真练习，结合本书中提供的方法，相信你日后必将成为一个轻松驾驭语言沟通的人。

编者著

2017年11月

目录

上篇　揭开心理面纱，洞悉心理奥秘

中篇　心理洞察，洞悉他人内心世界

下篇　有效沟通，把优势攥在手中

上　篇

揭开心理面纱，洞悉心理奥秘

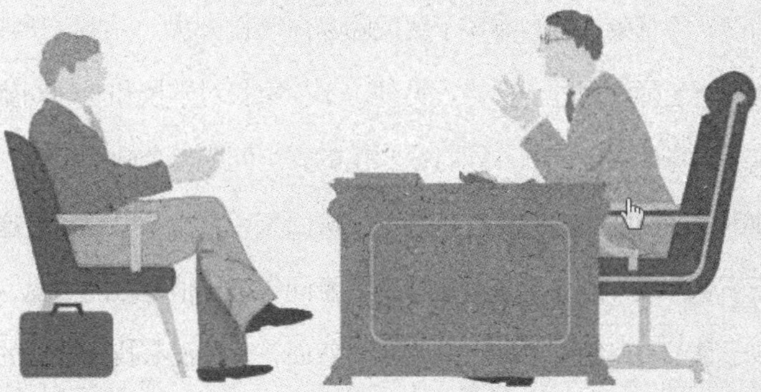

第1章 剖析自己，拨开点滴生活中的心理迷雾

每个人最熟悉的是自己，最陌生的也是自己。一个人在清醒的时候，会很好地安排自己生活、工作的方方面面，但是当一个人因为一些事情感到迷惘的时候，则往往被自己迷惑。这时，就需要解码自己，找到自身的问题所在，从而解决问题。很多情况下，一些人会选择逃避，然而这样做只能短暂地回避，问题始终没有解决。解铃还须系铃人，不要给自己太大压力，慢慢解开心中的结，拨开心理迷雾重新看清自己。

无须逃避心理问题

生活中有各种各样的问题，尤其是心理问题，能够很明显地影响一个人的状态。无论这种问题是工作、生活还是感情上的，都会使人的内心情绪出现波动，从而使其不能按照自己的设想完成相应的工作。面对这样的心理问题，很多人选择了逃避。事实上，心理问题是不能逃避的，因为越逃避问题就积累得越多，当在某一个时刻突然爆发时，就会变得一发而不可收拾。所以，应该关注自己，寻找解决问题的方法。

李倩是一名小学教师，她所在班级的学生年龄偏小，不少学生自觉性差，稍微严厉管束，就会有孩子哭哭啼啼向家长告状，一些家长甚至不问青红皂白就责怪老师管理过于严格。另外，不少家长对学校和老师期望过高，一旦孩子成绩下降就责怪老师。同时，学生的安全问题也令她很担忧，每次放学以后，她都处在极度焦虑的状态，甚至下班回家后，脑子里也在想这些问题，以致茶饭不思，夜不能寐。李倩还特别注意同年级其他班级的情况，一旦其他班级的孩子拿了奖，她心里就特别紧张。然而，李倩没有找到合适的方式解决这些问

题，一直回避这些问题，这一切都使她的工作难以开展下去。

李倩老师的工作压力过大，使她的状态受到了严重的影响，而她却选择了回避问题，这是不正确的。俗话说“躲得过初一，躲不过十五”，心理问题也是一样的道理，问题不解决就会越来越严重，就更不利于工作的开展。所以，针对这些情况，李倩应该去相关的心理咨询机构进行咨询，从而解决自己的心理问题。

现代社会生活节奏快，人们的精神压力骤增，像李倩这样的情况并不在少数，很多人都是因为工作上的压力产生了焦虑的症状。面对这样的情况，逃避不是办法，要从压力中挣脱出来，就要绕开认识中的误区，合理宣泄压力，以积极的态度面对挑战。

很多人在面对问题和困难时，不去积极寻找解决的办法，而是选择寻找退路，这种退缩，往往源自自卑心理。对于这类人来说，很多挑战非但不能激起他们的斗志，反而会刺激他们选择回避，这种没有能力去应对而采取回避问题的态度又叫作回避型人格。产生逃避心理的原因一般有两种：一是缺乏自信。一个不自信的人，心理承受能力要比自信的人小得多。二是害怕惩罚。当一个人因为做错事而担心受到指责，而他本身又恰恰不愿意接受这种指责时，往往就会找各种借口推卸责任。然而，面对心理问题，逃避是没用的。心理问题就像“感冒”一样，几乎人人都会遇到。有资料显示，目前，我国存在心理障碍人群的比例在20%左右。所以，要正视心理问题，要想办法解决心理问题，这样才能真正保持心理健康。

解铃还须系铃人，做自己的心理调节师

一些心理问题是可以通过相关的咨询机构或者专家来解决的，但前

提是存在心理障碍的人能正确看待问题，能够从内心去接受一些自己本不愿意接受的现实，这样，相关的机构和专家才能真正帮助你将问题解决。正所谓“解铃还须系铃人”，心结还是需要自己解开。

据明代《指月录》记载，金陵的一个寺庙里，有一个法灯和尚，他性情豪逸，但终日无所事事，众和尚都看不起他，只有法眼和尚很器重他。一天，法眼问众和尚：“老虎项上系着一个金铃，哪个人能把它解开来？”众僧皆回答不出。恰好法灯和尚走进来，法眼也用同样的问题问他，法灯和尚随即答道：“系铃的人能够解开。”法眼和尚十分满意，对众和尚说：“你们对他可不能小看。”后来，人们就用“解铃还须系铃人”这句话代指谁造成的问题仍由谁去解决。

正如这个故事所讲的，给老虎系铃铛，一般人都会问这是怎么系上的，当你百思不得其解的时候，自然会想到给老虎系铃铛的人，因为只有知道如何系铃铛才能知道怎么把铃铛按照原来的步骤解下来。同样的道理，当一个人出现心理问题时，只是漫无目的地想怎么去解决这个问题是徒劳的。因为只有清楚这个问题产生的原因，才能找到解决问题的最好方式，所以，可以针对问题产生的过程寻找解决方案。很多有心理问题的人都试图用一些别人的方法解决自己的问题，但是效果往往不佳，这是因为别人不能代替自己，只有自己最清楚问题的来源，就像别人不能替自己生存一样，治疗者只能起到疏导的辅助作用。所以，解决心理问题就像解铃铛，还是需要系铃铛的人自己来解决。

人们遵循这个程序，不是想当然，因为心理有顺其自然的因素，不能强迫心理活动。两千年前，荀子就在《解蔽篇》中指出心（按今人观点应为脑这个器官）是身体的支配者，是精神智慧的主宰，它对身体的各个部分发出指令，而不接受命令。所以，虽然人可以控制自己的嘴巴去说什么或者不说什么，对意志的改变却不是那么容易的。

两千年前，管子在《心术》中说不要代替马去奔跑，使马能够发挥它的能力；不要代替鸟去飞翔，使其羽翼得到锻炼，不至于衰败。心理治疗的道理应该是大同小异的，主要就是把阻碍心理问题的过程去除，帮助患者形成一种应对能力，最好能够激发患者的潜在能力，从而使其获得一种类似于重生的感觉，在这个过程中其实他已经超脱了，获得了新的能力。解铃还须系铃人就是这个道理。

要学会给自己减压

压力大了就要放松，一个人就好比一座大坝，水太满了就要往外放，否则大坝就会崩溃。所以，对于在职场上打拼的人来说，懂得一两套放松的方式是非常必要的。在自己压力大的时候，要懂得给自己减压，使自己的内心时刻处在一个平稳的状态：一个有利于工作的状态。

张强是一家保险公司的客户经理，平时工作十分努力，业绩在公司中的排名也不错。随着生活水平的提高，人们对保险的认识也逐步加深，投保的人数越来越多，公司的业绩也开始了新一轮的大涨，但是张强所在的区域业务量总是上不去，这使他感到十分苦恼。看着其他同事与客户签订一单一单的协议，业绩不断创新高，张强感到了巨大的压力，尤其是公司集中开会后，张强在会上没有得到表扬，反而被渠道经理责怪了一番，这让张强心里很不是滋味，无形中又增加了他的压力。张强干脆给自己放了几天假，约上朋友出去游玩、听轻音乐，思想上没有负担之后，他重新投入到工作中，结果取得了惊人的业绩。

张强的例子就是典型的工作压力过大导致状态出现滑坡的类型，这样的例子在我们生活中屡见不鲜，快节奏的生活是这些问题产生的主要原因。人们为了更好地生活，都在努力着，所以难免会产生压力。有了压力后，如果能扛得住当然好，如果感觉压力过大，那么用适当的方法给自己减压是很必要的。

有很多常用的方法，压力大时不妨试一试。有的人喜欢用香熏疗法，香薰能够使人的大脑清醒并保持镇定，这种方式可以从精神上使人感到轻松，将压力驱散到九霄云外，使人们能够重新精力充沛地投入到学习、工作中；有的人喜欢在压力比较大的时候到比较安静的地方待上一段时间，例如，离开喧嚣的城市到那些僻静的郊区或者乡村，从而使自己完全脱离压力产生的环境，起到减压的作用。另外，还有的人喜欢在压力大的时候选择洗一个热水澡，这样能使自己全身放松，从而达到减压的效果。

在很多时候，我们的时间非常紧张，充满了压力，休闲和放松似乎变得越来越奢侈，这样的生活经常会使我们陷入一种无序和混乱的状态，使我们难以平静，其实，这样的感觉是不正常的，是需要我们调节的，否则我们就难以掌握生命的节奏。压力本身就对我们造成了伤害，它会使我们变得焦虑不安，心情也随之受到影响，而坏心情会使我们的免疫系统受到影响，降低我们的免疫力，乃至有害于身体健康。所以，我们应该寻找一种合适的解压方式，以便面对压力时能够释放压力，放松自己，使自己时刻都能找到平衡，发挥出自己的能力，从而使人生目标顺利达成。

人因为什么导致心理不健康

人们的心理健康是不可忽视的一个方面，是和身体健康同等重要的，但是现在生活、工作的压力使人们承受的东西要比以前多很多，这样的心理压力对人们的心理健康构成了严重威胁，进而使人们的身体也受到了影响。这些影响人心理健康的因素是不容忽视的，要引起足够的重视，从而保证人们的身心健康。

第一，生活环境因素。

首先，生活中的物质条件差，又没有足够的资金去改变现状，而人们一直向往一种更好的生活状态，这种理想与现实的差距时间长了便会形成一种影响人心理健康的因素；或者一个人曾经的生活非常舒适，但是遭遇了一些变故后变得十分糟糕，给他造成了极大的心理落差，以至于使心理上变得不稳定。其次，工作环境差，比如，工作的时间持续很长、工作中遇到很多不顺利的事、不被领导信任、工作单调乏味、经济收入低等，都会影响人们的情绪，使人产生焦虑、烦躁等负面情绪，这种情绪持续的时间长了，人们的健康自然会受到影响。有的人会在心情不好的时候过量饮酒，或者大量抽烟，或者暴饮暴食，这些不良生活习惯的形成非但不能解决心理上的问题，反而会给人的身体造成不良影响，不利于人们的身心健康。

第二，突发事件因素。

生活中有很多事情是无法预测的，让人防不胜防。这些突发事件往往会使人们的心理受到一定的冲击，这些突然的变化往往是人们产生心理问题的重要原因。这些事情有很多，如家人突然病故、感情上遭遇挫折、婚姻遇到问题、自然灾害带来的巨大损失等，都会给人们的精神带来巨大的冲击和刺激。这时，人们必须学会调整，否则精神压力过大会引起心理失调，使人处于崩溃的边缘。如果在一段时间内发生的不幸事件太多或事件较严重、突然，个体的身心健康就很容易受到影响。

第三，文化教育因素。

教育因素主要有两个方面：一是来自家庭的；二是来自学校的。早期的教育主要是在家里进行的，这个时期的教育对一个人早期的心理发展起着至关重要的作用。如果一个人的早期教育过于单调贫乏，这个人的潜能就不会被挖掘出来，甚至会影响他未来的发展。如果能够得到良好的开发，接受好的教育，就有可能成为同龄人中的佼佼者。另外，孩子与父母的关系，父母的教养态度、方式，家庭的和睦程度等也会对个体以后的心理健康产生影响。

产生压力时，不要担心，找到解压的方法才是首先要去做的。其实，解压的方法有很多，从肢体的运动到静坐冥想，几乎可以说有成百上千种，但是这些方法与技巧只有少数人能做到，其主要原因是人们在产生压力时很难保持一种清醒状态，以至想不起这些解压的方法或者选择回避。所以，平时一定要重视那些对心理健康造成影响的因素，同时要敢于去面对，不回避面对难题的痛苦，努力寻找解决问题的方法，这样才能获得精神上的成长。

掌握健康的减压方式

压力大了不利于工作和生活，这时选择一种合适的减压方式就成了人们关注的主题。很多人生活非常随性，这种人有一个特点就是让自己舒服，认为做自己喜欢做的就是减压。也许这样做他自己感到舒服，但是身体健康受到了影响。例如，有的人在压力大时会不停地抽烟，不一会儿烟头就堆满了烟灰缸；有的人会在压力大时独自饮酒，想借酒浇愁，结果喝得酩酊大醉；还有的人喜欢做一些能够转移注意力的事情，比如，晚上看通宵电影或者打通宵游戏等。虽然这些方法能够让人从心理上缓解压力，但是经常耽误第二天的工作，因为他们的身体会感到不适，即使没有明显的不适症状，身体也受到了很大的损害。因此，这些减压方式都是不提倡的。减压是正确的选择，但是选择正确的减压方式同样很重要。

周伟是一家商贸公司的业务员，由于业绩不好，上司又总是责怪他，他每天都过着一种担惊受怕又感到十分不满的生活，生活和工作压力让他经常失眠。有朋友建议他多听轻松的音乐或者去跳跳舞，从而达到减压的目的。之后周伟回家后就打开电脑，放一曲欢快的音乐，然后一个人在屋里跳着舞，他顿时感觉心理压力减小了。当他累了，坐在电脑前休息的时候，他突然发现自己能够冷静下来去思考如何应对工作上的事了。通过总结，他找到了一个好方法，工作上也有劲头了，不久便扭转了颓势，获得了领导的认可。

周伟的减压方式可谓健康有效，不仅有效将压力消除，而且使自己的工作业绩扶摇直上。这种健康减压正是现代提倡的减压方式。另外，一个人在压力大的时候，脑子也是不清醒的，这不利于工作的继续开展；当压力减轻时，他的思路往往会打开，就像周伟。压力小的时候，自己能够思考，并找到问题的解决办法，这是非常重要的。

近些年，随着网络的不断发展和完善，出现了一种特别的减压方式，那就是登录专门的“发泄网站”进行发泄。这些网站提供了网民可以发泄的地方。在这里，人们可以用文字的方式将自己的不满写出来，然后会受到网友的关注，感兴趣的网友就会与你交流。其实一些话只要说出来，心里就会舒服很多，从而达到减压的效果。倾诉本身就是一种发泄，郁积在心中的事情多了，人自然会感到压力重重、喘不过气来，只要把这些无形的“重物”从心中搬运出来，自然会感到轻松，因为每个人的心理空间都是有限的。

今天的生活节奏飞快，生存的压力不期而至，特别是今天的职场，人们在工作中会遭遇激烈的竞争，想要生存，是很有难度的。再加上房价等生活压力，人们每天都处在高压之下，无法喘息，时时刻刻都在想着怎么挣钱、怎么生活得舒服一些。这样的生活使人疲惫，因此，减压成了不二选择，既然可以轻松一些活着，为什么要和自己过不去呢？所以，如果你是“压力一族”，还是想想怎么减压吧！这里要注意的就是，不要为了一时的痛快，因错误的减压方式损伤了自己的身体，身体是革命的本钱，所以，一定要科学减压，这样才能既放松身心又有利于身体健康，从而真正享受生活。

正视压力，将压力转化为动力

一个人忙碌是很正常的，但是一直处在高压状态、神经一直紧绷就不正常了。我们说生活节奏快、压力大、职场竞争激烈等客观因素的确会造成很大压力，但是很多时候我们忽略了一个环节，那就是为自己的生活合理规划。很多人之所以会有巨大的压力，恰恰是因为自己的规划不合理，工作起来比较乱套，结果工作效率低、质量差、受到上司的批评或者得不到公司的认可，这样一来，压力自然就找上门了。所以，必须对自己的生活和工作进行合理的规划和安排，这样才可以使自己的工作和生活更加有序，从而把压力平均分配，成功将压力转化为动力。

小张从事写作工作，平时很享受在文字的海洋里徜徉的感觉，但是有时候手头上的稿件繁多，交稿时间又比较紧，再加上生活中的一些事情，时常让他感觉压力重重。小张在压力大的时候就没有灵感，写不出任何东西，所以很烦心。后来经朋友建议，他把自己的写作时间和要处理的其他事情写在一张纸上，什么时候做什么事，安排得条理分明。这样一来，他每做完一件自己规划好的事情就有一种成就感，心情大好，从而使自己有更充足的精力去做接下来的事情。

小张科学合理的规划让自己的工作和生活良好地融在一起，大的压力转化成小的动力，每天都给自己一点动力，让自己总能看到希望，这样工作起来就会有好心情。很多人在工作时喜欢一下把眼前的事情做完，想着做完了就可以轻轻松松地做自己的事了，殊不知，在你工作到一半或者接近尾声的时候，往往会有另一件工作接踵而至，应接不暇的工作会让你疲惫不堪，压力不请自来。所以，作为一个聪明人，要懂得合理分配自己的时间和精力，把工作规划一下，不要盲目地做事，不要自己给自己找压力。

有的人觉得应该给自己一个大的人生规划，这当然没有错，但是，把眼前的事情先做好更重要。其实，只有把小的规划做好，才能真正把自己的人生规划好。人生规划不仅是一个实现你终生目标的时间表，也是一个实现那些影响你日常生活的、无数更小目标的时间表。所以，要着眼现实，脚踏实地。科学规划不仅能使你在有限的时间内集中注意力去做一件事，而且是一种很好的减压方式，因为只有将工作顺利完成才能真正将压力化解。所以，在遇到难题时不要急，一时解决不了就分成几部分解决，让自己一直保持一种良好的状态。幸福通常属于这类人——他们的职业规划往往与自己的生活方式紧密相连。例如，一个很有组织能力又有着文字天赋，还能给他人建议的人，通常都会从事编辑、教师等职业，这样的职业让他们能够发挥自己的特长，从而获得满足感和幸福感。因此，我们做工作也要根据自己的兴趣和喜好来安排时间，从而更加高效优质地完成任务。

很多时候，人们之所以不能将压力转化为动力，是因为压力过大，一时无法转换。其实，我们可以通过科学规划生活和工作来将压力分割成小段，再将小压力转化为动力，如此就容易得多了。这样一来，不仅不会让工作枯燥，也不会让生活无趣，还能让自己有一个好心情做事，每天都像星期天。

第2章　心理影响，一开口就让他人记住你

想打动一个人的心，可以从心理影响入手，利用心理策略打动他人，要学会使用心理撒手锏，在瞬间抓住人心。首先要保持一种良好的状态，否则将不能有效地发挥自己的技巧，便不能达到影响对方心理的效果。好的状态加好的技巧，可以出其不意，对方还没来得及防备，就已经被你的话语俘虏，如此，他对你之后的话非但不会反感，反而更加欣赏，从而助你达到打动对方的效果，为你接下来的交流铺平道路。

使出“撒手锏”，让对方迅速记住你

要想一下子抓住人的心，需要有一定的心理技巧，这种瞬间就能把握对方心理动向的方法往往会成为一个人攻心的心理“撒手锏”。使用这种撒手锏时，需要根据具体情况选择不同的方式。不过大体上都离不开一种倾向，那就是想对方之所想，说对方感兴趣的话题。

一位日本议员前去拜见埃及总统纳赛尔。尽管彼此的经历、兴趣、脾气等都极不相同，但日本议员为了搞好与埃及当局的关系，事先做了充分的准备工作，在谈话中极力运用投其所好的技巧。

日本议员说：“尼罗河与纳赛尔，在日本是妇孺皆知。今天这次谈话，我与其称您为总统，不如称您为上校吧(纳赛尔以前是上校)!我读过阁下的《革命哲学》，我曾把它同希特勒的《我的奋斗》作比较，我发现希特勒是实力至上的，而阁下则充满幽默感。”纳赛尔听了此番话语非常高兴，说：“呵，我那本书，是革命之后3个月匆匆写成的。您说得对，我除了实力之外，还注重人情。”日本议员说：“对呀，我们

军人也需要人情。阿拉伯人现在为独立而战，也正是为了防卫，而不是杀人。”纳赛尔大喜，说：“阁下说得对极了，以后欢迎您每年都来一次埃及。”言到此处，谈判的氛围可谓是祥和温馨。当转入正题，涉及两国的关系及贸易时，谈判进行得非常顺利，双方很快达成了一致的协议。

日本议员之所以可以令谈判进行得非常顺畅，正是因为他说的每一句话都是纳赛尔比较感兴趣的，都能够引起纳赛尔极大的关注。例如，他将埃及的母亲河和纳赛尔相提并论，还将纳赛尔写的书作为聊天内容，这都是纳赛尔非常喜欢的，所以能够瞬间抓住纳赛尔的心，使纳赛尔对这个从未谋面的日本议员充满好感，为谈话的进一步深入铺好了道路。

赞美是好事，但要运用心理战术

我们在平时的交流中会遇到这样或那样的问题，往往是话题不能够引起对方的兴趣、不能瞬间抓住人们的心造成的。许多谈话之所以陷入僵局，常常是基于谈话双方在立场、感情、原则上存在一些分歧，其实，这些分歧是可以通过谈话者的努力消除的。通过打通心理渠道，逾越人为障碍，是能够重新抓住人心，取得谈话成功的。

心理学表明，情感能引导行为。积极的情感，如喜欢、愉悦、兴奋往往产生理解、接纳、合作的行为效果；而消极情感，如讨厌、憎恶、气愤等则带来排斥和拒绝。谁都喜欢和一个面带笑容的人交流，因为这种情绪可以给对方积极的影响，使其更加愿意说出心里的话。没有人喜欢和一个哭丧着脸的人谈话，因为这样的情绪只会让对方感到消沉，如果不能及时扭转，势必给接下来的交流带来障碍。因此，在使用自己的心理撒手锏时要注意给自己一个积极的心态，一种能够使自己发挥出良好技能的情绪。

这种心态常常不能长久保持，例如，遇到了突发情况，严重影响人们的心情，但这并不是不能解决的。在遇到突发情况时，不要慌，常言道“东方不亮西方亮，黑了南方有北方”。谈话并不是自始至终都是顺畅的，出现僵局也是情理之中的事，关键在于谈话者本身要有健康成熟的心态，从容地面对问题和矛盾，用自己的诚恳去征服对方的心。而这种诚恳的态度，不仅是缓和僵局的有效手段，也是交谈的基础和继续合作的条件。所以，要调整好自己，使出自己的心理撒手锏，瞬间抓住对方的心。

每个人都喜欢别人肯定自己、夸赞自己，只不过有的人表现比较明显，而有的人则比较平淡。不过，人们在听到别人对自己肯定的评价时，通常都会有比较愉悦的心理反应，这种反应会使其愿意打开本来关闭的心扉，从而比较畅快地交流。但是赞美一个人不是只要说话就可以了，很多时候还需要了解对方的心理动向，根据对方的心理来赞美，这样效果才会更加明显。因此，想要运用心理战术说美言，必须将赞美技巧熟练掌握。

刘政是从事公关工作的一名青年，平时有很多饭局，虽然面对的人纷繁复杂，但是他每次的表现都有亮点，这也使其在很短的时间里就成了一名公认的社交能手。一次，在与客户吃饭的时候，饭桌上大家没有什么话题，一时很沉寂，刘政看了一眼坐在自己旁边的一名女士，发现女士脖子上的项链很特别，于是说：“您佩戴的这个挂坠很少见，非常特别，不过很适合您。”原来这挂坠是女士在法国买的，并有一段有趣的故事，这段故事一下就打开了大家的话匣子，饭桌上的氛围融洽了许多，这名女士也对刘政有了比较深刻的印象。

刘政的话语非常得体，他赞美了女士的挂坠，不但让女士因为自己的心爱之物被赞美而感到开心，而大家纷纷向女士投去的欣赏的目光，也让女士顿时成为饭桌的焦点，更令大家的话题瞬间打开了。这样一来，当刘政再次与这名女士见面时，肯定就有“饭桌趣事”的话题了，女士也因此对刘政有一个比较深刻的印象，从而为刘政与这名女士的交流打下了良好的基础。

赞美一个人最好不要以对方的性格作为赞美对象，尤其是初次见面时，一句“你人真好”可能会让别人误会，甚至引起戒心，因为初次见面时是很难判断知道一个人的好坏的。而把对方取得的成绩或者一些配饰之类的所属物作为赞美对象，往往会收到比较好的效果。

赞美也分好坏，恰当的赞美可以让人的心情美好，可以使人获得乐趣，不断地回味。相反，不恰当的赞美就像一颗臭了的瓜子，吃到嘴里让人难受。

要建立良好的人际关系，恰当地赞美别人是必不可少的。每个人都希望得到别人的赞美和赏识，所以我们不要吝啬自己的赞美之词。其实，周围充分理解我们言行的人并不多，而我们自己也很少注意周围发生的事和人们所做事情的闪光点。所以，人们一旦被别人赞美或者自己去赞美别人，心中的那扇门就会被推开，从而以一种愉悦的态度去交流。所以，正确运用赞美的艺术，会使被赞美者心情愉快，作为赞美者，我们也会从中感到快乐和幸福。

让对方获得心理优势，使其主动接近你

让对方占据心理优势，能够使对方内心产生一种比较舒服的感觉，从而使对方认为你是一个非常容易接近的人。另外，因为可以从你这里得到一种心理优越感，所3以对方会更加乐意和你接近。让对方占据心理优势不是示弱，而是一种以退为进的好办法。人们在心理上不占上风时，通常会比较被动，不会主动地说话、交流，这样就不会有成功的沟通。所以在交流时，不要只顾着让自己心里感到舒服，而要适时地让对方获得一种心理优势，只要对方感觉良好了，就会愿意与眼前的人接近，从而获得更好的沟通效果。

第一，给对方展示的机会。

每个人都需要别人的肯定，这往往也是一个人前进的重要动力。但并不是自己所有的行为都会得到别人的认可，这样的状态持续时间长了，就会使一个人自我表现的欲望变得强烈。所以，现在很多人在人际交往时，往往不分场合地展示自身的优越，情不自禁地高谈阔论，生怕别人把自己看低了。殊不知，这样一来，会在不知不觉中把别人的优越感压下去，令对方的荣誉感和自尊心都受到一定的伤害，如此，对方肯定不愿意继续与你交谈下去。所以，一定要注意展示自己的时机和程度，要恰到好处。

我们平时在与人交往时，可以适当提供让对方展示自己的舞台，这样能让对方感到他很重要，至少在你的眼里是这样，从而对你产生好感，愿意与你接触。

第二，意见在事后提。

在别人说话时一定不要打断对方，当对方说到自鸣得意的时候，

更要倾听，这样对方会有一种被尊重的感觉，会有一种继续和你说话的冲动。在这个过程中，也许对方会出现错误，但你不要马上指出他的错误，尤其是周围还有很多人在听的时候。但既然是想诚心诚意地交流沟通，也不能有错不管，你可以在对方说完话后告诉他哪里是错的，这样对方不仅会认为你在认真倾听，从心理上获得一种优越感而愿意与你接触，还会因为你在众人面前为他着想而感激你。这样一来，不仅使这次交往获得了成功，也为之后的交往铺平了道路，打好了基础。

第三，在沟通出现问题时主动道歉。

在人海中摸爬滚打，再小心谨慎的人也会与人产生矛盾，就像在熙熙攘攘的大街上与人发生摩擦一样平常。冒犯他人后，首先要做的是化解矛盾。道歉是一种不错的选择，因为诚恳的道歉不仅可以化解矛盾，还可以使对方有一种心理优越感，从而更愿意与你交往。

法国哲学家罗西法古说："如果你要得到仇人，就表现得比你的朋友优越吧；如果你要得到朋友，就要让你的朋友表现得比你优越。"所以，平时交往中一定要注意让对方有心理优势，这对你们的进一步交往是很有用的。

学会换位思考，表达同理心

同理心其实就是在交往的过程中能够体会他人的感受和想法，并且能够理解他人的立场，懂得换位思考，站在他人的角度思考和处理问题，想他人所想。同理心通俗的说法就是换位思考。所以，在交往中，我们首先要真诚，要设身处地为他人着想，理解他人的难处，对他人的缺点错误能够包容，感动对方，从而获得良好的人际关系。

杰克打完仗回到国内，从旧金山给父母打了一个电话："爸爸，妈妈，我要回家了。但我想请你们帮我一个忙，我要带我的一位朋友回来。""当然可以。"父母回答道，"我们见到他会很高兴的。"儿子继续说："他在战斗中受了重伤，他踩着了一个地雷，失去了一只胳膊和一条腿。他无处可去，我希望他能来我们家和我们一起生活。""孩子，"父亲说，"你不知道你在说些什么，这样一个残疾人将会给我们带来沉重的负担，我们不能让这种事干扰我们的生活。我想你还是快点回家来，把这个人给忘掉，他自己会找到活路的。"就在这个时候，儿子挂断了电话。父母再也没有得到他们儿子的消息。然而，过了几天，父母接到旧金山警察局打来的电话，被告知，他们的儿子从高楼上坠地而死，警察局认为是自杀。悲痛欲绝的父母飞往旧金山。在陈尸间里，他们惊愕地发现，他们的儿子只有一只胳膊和一条腿。

杰克的悲剧之所以会发生，就是因为父母没能站在杰克的角度考虑一个因为战争致残的人的痛苦；同时，杰克也没有站在父母的角度去考虑他们只想自己的儿子能回来，而不是带一个残疾的战友回来一起生活，结果双方产生了误会，悲剧就这样发生了。

人们常说"人同此心，心同此理"，强调的也是同理心。无论在日常生活中还是工作中，凡是有同理心的人，都是善于体察他人意愿、乐于理解和帮助他人的人。这样做不但能够让他人感到温暖，而且能够使自己更加受欢迎，获得大家的信任，也可以让自己心里感到舒服。把同理心作为一种思维方式和行为准则，是东西方都赞同的一种行为。同理心不仅为人们的交往奠定了一定的基础，也为人们以后的发展打牢了基础。社会学家发现，同理心是人社会化的一个重要环节，而社会化则是一个人发展与成功的前提。

所谓“己所不欲,勿施于人”，我们要学会换位思考，理解他人。利用同理心原则，我们自己首先要足够真诚，才能使双方的交流更加有诚意。

交流中争取双方能产生“心理共鸣”

心理共鸣是交流中非常重要的一环，如果两个人在交流时没有共同话题，那么交流只能停留在表层，因为话语不多就不可能有深入的交谈，没有深入的交谈又怎能深入人心？所以，要想在交流中深入人心，就一定要寻找双方能够产生心理共鸣的东西，因为这在无形中能抓住对方的兴趣，从而打开对方的心扉，获得深入交谈的机会，这样的机会不容错过。

心理共鸣是在自己和对方都感兴趣的话题的基础上产生的，一般情况下，这种共鸣要先从对方感兴趣的问题找起。

赵晓丽是一名中学教师，她平时上课很严谨，给学生上课时总能把问题分析得非常透彻，但是她的语言总是非常专业，缺乏一些日常用语，缺少一些生动形象的例子。这不但使学生们理解起来比较费劲，时间长了，学生们也容易失去兴趣，这让赵老师有点头疼。后来，赵晓丽在备课时特意加入一些比较生动的例子，同时把一些费解的语言转化成通俗易懂的话语，这些工作使赵晓丽的教学风格有了明显的改变，同学们产生了学习兴趣，而且经常主动和赵晓丽讨论一些问题，这些可喜的变化使全班同学的成绩都有了明显的提高。

赵晓丽认识到了自己之前教学中的一些问题，主动改进了自己的教学方式，使同学们的成绩有了显著的提高。这里很重要的一点就是她成功地抓住了学生们的兴趣点，调动了学生们的学习积极性。生活中，很多交流都和教学十分相似，当听者感兴趣时，交流的效果自然会好，所以一定要注意打破“一言堂”的教育或者交流方式，努力寻找对方的兴趣点，然后根据实际情况调动自己对相关内容的了解，从而使双方在交流中产生共鸣。

在与人交流时，我们往往会遇到这样的情况，那就是对方并没有听我们说，而是手头做着一些其他的事情；要么就是嘴里应付着你，注意力却放在别处；或者转移话题，说一些不着边际的话。遇到这种情况时，你应该放弃原来的话题，寻找对方的“兴趣点”，即能够和你产生共鸣的内容。苏格拉底曾说过：“世间有一种成就可以使人很快完成伟业，并获得世人的认识，那就是讲话令人喜悦的能力。”所以，与人交流时想深入人心，一定不能错过“心理共鸣”的机会。

让对方有一种满足感

生活中有这样一些人：他们看到促销派送就想方设法地多拿一些，看到什么事情有利可图就赶紧介入。所以，在交流时不妨尝试一种满足对方此类心理的方式，多给对方好处，让对方因为自己有了某种满足而感到欣喜，从而为打开对方的心扉铺平道路。

张玲是一名销售人员，她的业绩在公司总是处于前列，并且有一个明显的现象就是张玲总会遇到回头客，这让许多同事都羡慕不已。后来大家发现，张玲经常让利于客户，虽然这一点点的让利不足挂齿，但正是这些小的让利，让张玲的客户源一直保持着旺盛的状态，这也是她的业绩居高不下的重要秘诀。

张玲的销售思路具有长远性，她不只在乎眼前的利益，而是放眼于未来，所以，她会在与客户交谈时让利于客户，让其在得到好处后有一种满足的心理，从而愿意与张玲交谈，愿意与张玲达成协议。创业者每每琢磨怎样把产品卖出去，很多人第一思路就是“教育”别人，然而这种“教育方式”往往会让人厌倦。例如，有的人会把产品的各项优势表达得无比精良，无比先进，无比有益，然而对客户没有任何让利的意思，客户得不到一点点实惠，怎么可能愿意购买呢？每一个好的经营者都具备一种能力，那就是让买家得到实惠。钱散则人聚，钱聚则人散的说法是不无道理的。其实让买家得到实惠并不难，不是非要让买家能够以较少的钱买到东西，而是可以采用很多其他方式，如可以送礼物，只要能让买家高高兴兴买到东西，就能成功利用买家的满足心理。

有满足感是大多数人都喜欢干的事，不要否认这个事实。我们可以观察年幼的孩子，能够“六岁让梨”的已是少见，他们身上都具有原始的占有欲。在我们让对方获得满足时，不仅会让对方感到心里舒服，我们自身也会有一种轻松的感觉，因为“吃亏是福”是一种大智慧，拥有这种智慧的人往往有比较长远的目光。所以，在交往中不妨利用这种心理，让对方有一种满足感，从而更愿意与我们作进一步交流。

适度暴露一些小缺点，让你更可爱

有些人很喜欢展示自己优势的一面，总是把自己优秀的一面秀给人们，这种做法并没有错，但是这样的人往往不能够获得人们的认可，因为他们的优秀遮挡了他人的光芒，这让别人感到很窘迫，所以非但不会获得他人的夸赞，反而会令对方产生反感。相反，适时暴露一些无伤大雅的小缺点，不仅不会有大碍，还会令对方产生好感。

正所谓“金无足赤，人无完人”，所以一个人没必要太在意在别人面前暴露自己的缺点，面对这些缺点的时候要坦然。其实这种做法说起来容易，做起来却很难，这是需要勇气和自信的。一个不自信、胆子小的人是不会主动将自己的缺点暴露的，因为他的内心深处不愿意被人们否定，所以他会极力地掩饰，这种掩饰往往就表现为向他人展示自己的优势，给人们一种他很强、很完美的印象。心理学家认为，如何对待自己的缺点实际上反映了一个人内心深处的动机。不敢正视自己的缺点，想方设法“藏短”的人，内心深处的动机是自我美化；而敢于承认并改进自己缺点的人，内心深处的动机则是自我提升。所以，很多时候那些总是表现自己优点，努力给他人一个好的形象，从来不会给别人机会、时间注意自己缺点的人，往往是一些比较缺乏自信的人，因为他们没有勇气去面对。

所以，在平时要正视自己的缺点，要以一颗平常心来对待缺点，从而在与人交流时更加自然。不时暴露一些无伤大雅的小缺点，这样不仅会让自己显得更加真实，也会令对方因为你的这种真实而愿意与你交流。另外，敢于暴露自己缺点的人才是内心强大的人，他们更容易达到自我实现的目标。马斯洛认为，能够接纳自己缺点的人不会因为自己的过失而过分担心或自责，相反，他们会以积极的态度去改进自己的缺点；而对那些不可改变的缺点，他们则会顺其自然，不会跟自己过不去。

所以，要记住人无完人，每个人都是有一些缺点的，不用故意掩饰这些缺点，因为缺点是掩盖不住的，早晚都会被人发现，那时人们就会觉得你这个人比较虚伪，反而会影响你的社交。相反，适时地暴露一些小缺点，并且抱着一种虚心接受批评的心态，这样对方不仅不会因为你的缺点责备你，还会被你的真诚打动，从而对你产生好感，这对你的深入交流是非常有益的。从另一个角度来看，他人的意见还会使你真正认识到自身的不足，从而能更好地改进自己，获得自我提高。

第 3 章　社交心理，掌握攻克他人心理防线的策略

在社交过程中，每个人都会怀着一种心理，这种心理也许会促进交流的顺利进行，也许会阻碍沟通的有效进行。相信谁都不愿意处在一种被动的态势，不能进行成功的社交。所以，在社交中可以采取主动应对的心理策略，这样可以让自己更加轻松自如地进行人际交往。这些策略的实施可以根据每个人的个人习惯进行，交往初期要保持一种谨慎的态度；交往中时刻注意观察，努力看穿对方的心思，把握好社交距离和尺度等，这些都有助于自己时刻掌握交往的主动权，从而进行较为成功的社交。

谨慎无害，多一分防备多一分安全

交往看似是语言的交流，实质上这仅仅是表面上的现象，交流并不像人们想象得那么简单。因为每个人都是独立的个体，每个人都有自己的想法，在交往时会有不同的目的，所以一定要谨慎和小心，不要中了别人的圈套。另外，每个人的为人也是各不相同的，有的人的心地比较善良，在与其交往时可以比较随便，甚至不用过于警惕；但是有的人的品质并不像人们想象得那样符合道德标准，所以，一定要引起足够的重视，要谨慎，多一分防备就多一分安全。

随着社会的发展，人们的社交范围也越来越广，会在社交场合遇到各种各样的交往对象，所以，自己一定要有一套交往方式，以便在不同的情况下、面对不同的交往对象都能轻松自如地应对。

就拿男女之间的交往来说，男女之间的交往，本是一种正常的社交

活动。异性间建立纯正的友谊，会使人的视野更开阔，人际关系也更和谐，精神生活更充实。但是随着“信息时代”的到来，互联网使交友的渠道增多了，交际的范围广泛了，于是各种诱惑和欺骗充斥在交友的过程中，在这种情况下，人们的交往就充满了变数，也更不安全了。尤其是婚后异性间的交往，更要谨慎，不但要保证夫妻之间的信任，还要避免人们的流言蜚语。已婚女性可以从以下几个方面引起注意：

首先，自然得体的姿态是不可缺少的。已婚女性与异性交往要让丈夫知道，要对丈夫坦诚。同时，对待异性朋友也要坦诚，为了避免误会，可以介绍自己的丈夫与这些人认识，介绍他们认识的好处是很多的，一方面可以避免朋友误会，另一方面可以减少丈夫的担忧，避免不必要的误会。这样就不会影响夫妻间的感情，也会使自己的人际关系得以拓展。

其次，要热情大方。已婚女性在与异性交往时，通常不存在择偶的因素，所以要避免少女在交往中的腼腆，没有什么不好意思的，纯洁的友谊是落落大方的。但是这种热情要注意一点，即不要过度，以免让对方产生不必要的误会。

最后，要洁身自爱。或许你还年轻，或许你已人到中年，也许你性格开朗，也许你相貌出众并多才多艺……不管怎么样，你都要在与异性交往的过程中把握好度。因为异性之间的爱慕是很自然的，无论是已婚还是未婚女性，都可能引起异性的爱慕。在引起异性的爱慕时，一定不能虚荣，不能轻佻地玩弄感情。因为这样做是非常危险的，最后只能引火烧身，被丈夫发现后，可能使婚姻不保，幸福也随之东流。另外，不能见异思迁，一个成年人要学会控制自己的感情，能够抵制诱惑，不可轻易背叛自己的爱情。

除了异性间的交往外，还有很多其他的情况也需要谨慎对待，例如，国家重要机关的工作人员，在交友时更要注意，以免泄露国家机密、给国家带来损失。总之，在社交中多几分谨慎并无害处，多一分防备就多一分安全。

洞穿他人心思，赢得沟通先机

与人交往时，很多人都喜欢跟着感觉走，但是这种做法往往不能够准确把握对方的想法，以至在交往中没有针对性，在这种情况下，人们往往会因为自己说的某些不适当的话而破坏双方的沟通，不能进行成功的交往。如果能够知道对方心里在想什么，很好地制订下一步的交往方案，就能抓住对方的心，为自己赢得先机，成就成功的社交。

汤米是一家公司的业务经理，他平时喜欢与同事交流，但是比较喜欢掩饰自己，所以很多时候真假难辨。一次，汤米在回答同事杰西卡的提问时耸了一下左肩，然后说："我不知道。"杰西卡又问了一遍这个问题，汤米盯着杰西卡又说了一遍"我不知道"。当杰西卡问汤米公司的职位招聘是否已经终止时，汤米吸了吸鼻子，并且揉了揉。杰西卡又问现在有没有合适的人选，汤米先是轻轻地点了点头，然后又用力地摇了摇头。最后，杰西卡和其他同事说："汤米在说谎。"

杰西卡针对汤米在谈话中的一系列反应作出的判断是有一定根据的。汤米先是单肩耸动了一下后才回答杰西卡，这样的回答方式是一种不自信的表现，表明他对自己的话不自信。而杰西卡第二次问他时，他则盯着杰西卡的眼睛，并且重复了一次自己所说的话。有研究指出，人在试图说假话蒙骗他人时会选择盯着对方的眼睛，这样做是为了验证对方是否相信自己的谎言。同时，汤米作了比较生硬的重复，这也是典型的撒谎标志。后来杰西卡在询问汤米是否真的终止职位招聘时，汤米吸了吸鼻子并且揉了揉。有研究表明，因为人的鼻腔下方有海绵体，当他想要掩饰的时候鼻子就会不自觉地发痒。所以，综合这些细微的动作，杰西卡看穿了汤米的内心活动，并断定汤米在说谎。

如果了解了对方在想什么，做起事情来就会更有针对性，就会使自己赢得先机。在中医理论里面，有一个基本原则：望、闻、问、切。其实在识人、辨人方面，道理也是一样的。其中的望就是要观察，观察的内容包括一个人的衣着、神态、眼神等。闻，自然就是听，听对方的声音、语气、语调。问，自然就是要向他提问。切，就是根据自己掌握的信息作出相应的判断。当然，这些能力不是一朝一夕就能形成的，而是要靠经验和积累，留心身边和见过的每个人的性格特质，时间久了，就会形成一个自己的数据库，甚至是数学模型。这是个硬功夫，没有捷径可走。所以，平时要注意观察和总结，建立自己的模型库，形成一套判断的体系，从而能够比较顺利地看穿对方，了解其内心想法，有针对性地交往，赢得交往的先机。

刺猬法则：怎样的社交距离最佳

很多时候，人与人之间的距离是不能太近的，只有保持适当的距离才能有良好的效果，才能使彼此间的感情处于最佳状态。刺猬法则就是指人与人之间如果太近就会刺伤对方，只有保持适当的距离，才能使两个人有一定的默契。刺猬法则来源于西方的一则寓言，说的是：在寒冷的冬天，两只刺猬要相依取暖，一开始由于距离太近，各自的刺将对方刺得鲜血淋漓，后来它们调整了姿势，相互之间拉开了适当的距离，不但互相之间能够取暖，而且很好地保护了自己。在社交中，刺猬法则同样适用，把握好社交距离，能够使双方处在一个最佳状态，从而使交往一直在正常的轨道上运行。

通用电气公司的前总裁斯通在工作中就很注意刺猬法则，尤其在对待中高层管理者上更是如此。在工作上，斯通对管理者们从不吝啬，总是给他们最好的待遇，让他们没有后顾之忧，可以安心工作。但在工作之外的时间，他从不邀请管理人员到家做客，也从不接受他们的邀请。正是这种保持适度距离的管理，使得通用的各项业务能够芝麻开花节节高。

与员工保持一定的距离，可以把彼此间的关系处理得非常好，既不会因为太远而疏远了员工，也不会因为太近使自己没有了威信。所以，刺猬法则是有利于彼此的最佳状态。

当员工和领导不分你我、称兄道弟时，也是领导者将遇到麻烦的时候，虽然可以跟员工打成一片，但是很多时候自己的执行力在下降，领导能力和效力大打折扣，不利于工作的开展。相反，当领导和员工的距离过远时，员工会把领导看得高高在上，虽然能树立威信，但是不利于管理，员工不了解领导，对领导意图的领会就会产生偏差，以至使工作不能按照设想的方向进行。因此，领导和员工应保持适当的“心理距离”，不要太近，也不要太远。

刺猬法则强调的就是人际交往中的“心理距离效应”，当双方离得太近时，必然会产生摩擦，而离得太远，人际交往会形同虚设，所以，不近不远、刚刚好的程度是人际交往能够保持一种良好状态的法宝。

这种心理距离运用到管理实践中，就是领导者一方面为了做好工作与下属保持亲密关系，另一方面要把这种亲密关系限制在一定范围，要亲密有间，即一种不远不近的恰当合作关系。与下属保持心理距离，一方面可以减少下属和上司交往而产生的紧张和防备心理，另一方面还可以减少下属行贿、产生麻烦的机会。这样做既可以获得下属的尊重，又能保证在工作中不丧失原则。一个优秀的领导者和管理者，要做到“疏者密之，密者疏之”。社交中同样要遵守这个原则，只有这样才能很好地把握交流的节奏，使交流有序顺畅地进行下去。

南风法则：善用温情攻势

南风给人的感觉是温暖和煦的，南风法则强调的就是用温情去对待他人，用温情去感动他人，从而在沟通上实现顺畅。紧张的社会生活，让人们体验不到真情，心中的冷漠使自己逐渐封闭起来，南风法则的运用可以逐渐暖化人们的内心，从而展现真正的自我，让彼此成为真正的知心朋友。

南风法则源于法国作家拉·封丹写过的一则寓言：北风和南风比威力，看谁能把行人身上的大衣脱掉。北风首先来一阵冷风，寒冷刺骨，结果行人把大衣裹得紧紧的。南风则徐徐吹动，顿时风和日丽，行人因为觉得春意上身，开始解开纽扣，继而脱掉大衣，南风获得了胜利。

这则寓言告诉我们：温暖胜于严寒。在很多管理者看来，下属是需要管理的，为了树立自己的威信，他们每天都是板着脸，对下属也不关心，这样做虽然让上司很有控制力，但是下属不会喜欢领导。南风法则要求管理者要尊重和关心下属，多点人情味，多注意解决下属日常生活中的实际困难，使下属真正感受到温暖。这样，下属出于感激，就会更加努力地为企业工作，维护企业利益。

日本著名企业家岛川三部曾自豪地说："我经营管理的最大本领就是把工作家庭化和娱乐化。"索尼公司董事长盛田昭夫也说："一家日本公司最主要的使命，是培养它同雇员之间的关系，在公司创造一种家庭式情感，即经理人员和所有雇员同甘苦、共命运的情感。"

其实，日本企业内部管理制度非常严格，但日本企业家深谙刚柔相济的道理。他们在严格执行管理制度的同时，又最大限度地尊重员工、善待员工、关心员工的生活，使员工家属也感受到企业这个大家庭的温暖。

不要把员工当成会说话的机器，不要像对待仆人一样随意地使唤员工，不要把自己的下属放在最容易被人遗忘的角落，否则只会激发员工的反抗情绪，令其不愿意合作。古语云："得人心者得天下。"只有真正俘获员工的心灵，员工才会为企业死心塌地地工作。在管理中用南风法则，可以让下属感受到自己是公司很重要的一员，感受到自己存在的价值，从而更愿意在公司中工作，享受这种感觉。

这种现象不仅适用于企业管理，在日常交往中，对南风法则同样可以比较灵活地加以运用。没有人会愿意与那些态度强硬、尖酸刻薄、毫不讲理的人交谈，即使因为一些因素迫不得已，最后也会选择远离，避免继续接触。所以在交流中要以诚相待，将心比心。不要只顾着自己的利益，目光短浅，要用情，使双方在一种比较和谐的氛围中交流，从而使对方从内心感到温暖，愿意将心中的话与你分享。南风法则可以化解彼此间因为陌生而产生的隔膜，温情攻势能让你如鱼得水，使交流能够更进一步。

体谅与换位，子非鱼亦知鱼之乐

俗话说："子非鱼焉知鱼之乐？"每个人都有自己的想法，我们不是别人，所以不知道别人内心所想，似乎这种说法是众人认可的，然而这种说法并不完全正确。因为一个人的内心所想大多会通过行为流露出来，或者通过话语有所表现，这时，注意观察说话者，可以大体推测出对方内心的活动。另外，如果因为一些因素不能推测，那么可以进行换位思考，这样就能从对方的角度思考问题，从而获得相应的信息，即使子非鱼，也能知鱼之乐。

老郑退休在家，平时就喜欢逛逛商场，买点菜回家做饭和老伴一起吃。但是他家小区附近商店的门很大很沉，每次老郑都要很费力地把它推开。一次，他正准备走进这家商店，走在前面的年轻女士推开沉重的大门，一直等他进去后才松手。老郑向她道谢，女士说："我爸爸和您的年纪差不多，我只是希望他这种时候也有人为他开门。"听了女士的话，老郑心里热热的，感慨很多。

年轻的女士不是老郑，她并不知道老郑心里在想些什么，但是她站在了她父亲的角度，在想如果自己的父亲遇到了这种情况会有怎样的反应，于是她做出了帮老郑开门的举动。结果，这样的行为正好是老郑所期待的，温暖了老郑的内心。生活中，很多事情需要我们去换位思考，因为人们的思维总会受到一定的环境的影响，这种影响也许是促进，也许是阻碍，所以，当一个人的思维受到阻碍的时候，换位思考就显得比较重要了。从孔子的"己所不欲，勿施于人"到《马太福音》的"你们愿意别人怎样待你，你们也要怎样待人"，不同地域、不同种族、不同宗教、不同文化的人们，说着大意相同的话。

不要以为自己不是别人就不能了解对方的内心，就不能很好地根据对方的想法作出相应的反应、使交流顺畅地进行下去。平时要注意体谅对方，注意观察，时不时地站在他人的角度上看问题，这样往往会得到一个自己没有预料到却又恰到好处的结果，从而使双方产生共鸣，获得理想的沟通效果。

换位思考不是一种简单的想法，而是人类经过长期博弈，付出惨重代价后总结出的黄金法则。人与人之间是联系的，而不是独自存在的，所以不要忘记彼此间的联系。克鲁泡特金在《互助论》中证明：只有互助性强的生物群才能生存。对人类而言，换位思考是互助的前提。所以，只要懂得体谅和换位思考，即使子非鱼，亦能知鱼之乐。

互惠互利原则：来而不往非礼也

互惠互利原则在很多方面都存在着，运用最多的就是在贸易方面，它又称对等原则。在多边贸易谈判中，只有遵循平等、互惠互利的原则，才能在成员间达成协议，维护成员方的利益平衡，谋求全球贸易自由化。从这个原则本质来看，它非常适合平时人们的社交活动。首先，在交往中，双方要平等，这样才能在同一个平台上交流。其次，在交往中享受对方优待的时候，也要给予对方对等的优待，让对方感受到你的诚心诚意，这样才能使双方能够在一种和谐融洽友好的氛围中进行良好沟通。

韩信少年时家中贫寒，父母双亡。他虽然用功读书、拼命习武，却仍然无以为生，迫不得已，他只好到别人家吃“白食”，为此常遭别人冷眼。韩信咽不下这口气，就来到淮水边垂钓，用鱼换饭吃，经常饥一顿饱一顿。淮水边上有个为人家漂洗纱絮的老妇人，人称“漂母”，见韩信可怜，就把自己的饭菜分给他吃，天天如此，从未间断。韩信深受感动。韩信被封为淮阴侯后始终没忘漂母的一饭之恩，派人四处寻找，最后以千金相赠。

韩信之所以会成功，就是因为他有着一颗感恩的心，他知道报答。也许之前老妇人对他的施舍算不了什么，仅仅是一些饭菜而已，但是这对韩信的意义是非常重大的，因为吃不上饭他将面临饿死，所以在他飞黄腾达之后，他没有忘记老妇人，而是用加倍的好处来报答她。在我们的生活中，人们之间的交往也是如此，当对方向你示好，给你一些好处时，不要觉得这是理所当然的，这样做的话一方面会让对方觉得你不识好歹；另一方面，在礼数上也过不去，俗话说来而不往非礼也。所以，在对方给你一定的好处之后，一定要还对方一定的好处，这样一来，不仅礼数上到位，而且能够促进彼此情感的沟通，能给对方留下一个好印象，促进彼此间的交流。

光是自己得好处，一点都不让别人占，那是绝对行不通的，因为在现在这个重视交流的社会，与人分享是必须具备的一种素质和心态。别人对你有帮助，自己当然要回报，来而不往非礼也，只有遵循互惠互利的原则，人们之间的交往才更加有弹性，才能更加持久地维持下去。所以，不要一味为自己的利益着想，不要只是为了自己的那部分利益努力；要在交往中让对方也尝到甜头，使双方在情感上有一个融洽度。如此，再加上一些共同话题，会越聊越开心，越聊越投缘，使交流进一步深入，这样的沟通效果一定会出奇地好。

第 4 章　职场心理，洞悉职场人情世故让你前途似锦

职场是一个非常考验人能力的地方，在职场中生存需要毅力、能力、技巧等多种因素共同作用。在交往时，针对不同的心理采用不同的心理策略是很必要的，因为这往往可以事半功倍。比如，了解上司的心理并适度表现自己，会让上司对你更加看重。所以，在平时可以注意上司的一举一动，上司属于那种类型，自己心里要有数，从而谋划好心理策略，根据不同的情况实施应对方案，让自己前途似锦。

学会表现自己，别一味地埋头苦干

人才对于一个团队的发展可谓有着举足轻重的作用，但是在这个人才济济的时代，人才是需要让自己闪光才能被管理者发现的，所以，在上司面前要学会表现自己，使自己的行为让上司满意，让上司对你情有独钟，这样就达到了既定目标。

比如，当上司在说一些事的时候，大家多会仔细聆听，上司说完了也没有人提出疑问，那么这样就不会有人给上司留下比较深的印象。所以，可以在上司说完的时候找一些并不重要的点进行提问，尤其是那些没有明确的具体要求，既可理解成这样、又可理解成那样的问题。这样一来，上司就会对问题再进行一次解答。这个过程不仅能让上司彰显个人的权威，也能让你向上司展现出自己认真仔细的一面，会让上司对提问的你有一个印象，这往往会让你被上司记住。

虽然上司是管理者，但他并不是全能的，一些问题还是会难倒他，所以，在这种时候不妨伸出援手，这会收到令人意想不到的效果。例

如，一些上司会在面对自己不懂的问题时略显尴尬，这时他需要别人来帮助他，但是人们又往往因为考虑到上司的面子问题而不敢轻易去说，这样一来就形成一种比较僵化的局面。所以，如果你对问题比较了解，可以伸出援手，但要注意的是一方面要把问题解释清楚，另一方面不要忘记你是给上司圆场，所以最后不要忘了说一些“这是上司曾经教导过”之类的话。这样一来，上司不仅会心怀感激，还会对你印象深刻，情有独钟。

有的时候，一些上司比较霸道，他们比较喜欢大权独揽，经常威胁下属，让下属服服帖帖地干活。这时，你要做的不是唯唯诺诺地敬畏，而是要让上司感受到你存在的价值。但是这时要注意措辞，一方面要让上司服气，另一方面则不能伤上司的面子。这样一来，本来大家都是因为上司的强势而很少说话，但你的建设性建议会让上司眼前一亮，从而使你在上司心中留下浓重的一笔，为自己成为其“情有独钟”的下属作好铺垫。

与上司相处，保持良好的心态很重要，上司也是普通人，同样承受着各种压力，多从他的立场上考虑，你和上司之间自然会建立一种和谐的关系。在对待上司的技巧上，观察是非常重要的一点，要知道上司心里所想，他思考的习惯、性格特点等都应该成为你观察的对象。只有摸清了上司的心理特点，才能“对症下药”，投其所好，使上司对你的好印象与日俱增，最后使自己成为上司眼中“情有独钟”的人。

在上司最需要你的时候出现，是获得上司青睐的最佳时机

每个上司都希望自己有得力的下属，能在自己处于困境或者需要帮

助的时候做出让自己满意的工作，解救自己于危难之间。但是这样的得力干将不常有。我们若能解决上司的燃眉之急，就能够使上司对我们更加青睐，对我们更加器重。

小丁是一家公司的总经理秘书，他平时工作雷厉风行，给人一种非常干练的感觉，做事效率高并且错误少，让总经理也很欣赏。然而，小丁似乎自我感觉过于良好，一次，总经理需要一份发言材料，非常紧急，而小丁却没有及时出现，理由是他正在处理一些别的重要的事情。很多同事都说小丁是不是晕了头，同事小张见状将工作揽了过来，并很好地完成了工作。结果小丁在公司的地位一落千丈，小张及时解了上司的燃眉之急，成功地获得了上司的器重和青睐。

小丁作为秘书在关键时刻不在场，在上司有燃眉之急时不能及时出现，可谓严重失职。而小张则成功地把握了机会，使自己博得了上司的青睐。其实，在上司有燃眉之急的时候，下属不要退缩，要鼓起勇气，毫不畏惧地把工作揽过来，显示自己的能力。这一方面可以显示出你的胆量，本身就会得到上司的赏识；另一方面，通过完成工作，你可以一显身手，这种能力会令你再次获得上司的青睐。所以，在面对挑战时，不要退缩，要发挥自己的才能，一举攻破难关。

如果你的工作效率高，做得又快又好，那么你的能力就会被上司看中；如果交给你的工作不立即去做，总是因为别的事情拖着，那么你的上司就很可能会认为你怠慢、无意去做，甚至对你的热诚与工作能力产生怀疑。这种情况千万不能出现，因为有时候是没有人会给你解释的机会的，这样的误会只会耽误自己的前程。同时，要注意的一点是，公私要分明，在办公室里要专心处理公务，不要做私人的事，以免招来流言蜚语。

然而，并不是上司一有情况，下属就什么都不考虑、马上献身。很多时候，面对上司的燃眉之急时，是需要具备一定的素质和事先准备的。例如，需要有好的判断力，在答应帮助上司做事前要想想上司正在做什么，要思考解决这些问题是不是在自己的能力范围之内。如果自己不能完成，却大包大揽，结果一定会很惨。所以，在确定是在自己能力范围之内时，再主动请缨，展示自己。另外，不要在接过任务前自吹自擂，这样不但会给自己很大的压力，如果失误了，上司愤怒，自己也会颜面扫地。所以，要时刻保持一种谦虚谨慎的态度。再有就是要体谅他人，上司也是人，他也会有困难，所以，要体谅上司，这样会让上司十分感动，你的无私无疑会在关键时刻发挥重要作用。

了解你的上司，制订好对应的心理策略

人的性格有千百种，同样上司也有千百种类型，上司的性格类型不容忽视，因为在工作中他不是我们调侃的对象，如果对上司置之不理，那么工作一定会遇到更多的挫折，这样一来，自己的自信就难以建立，长远的发展就更成问题了。所以，不但要分析上司的类型，还要根据上司的类型做工作，这样就容易使上司赏识自己，而自己的工作也能更加顺利地开展，所以，要谋划好自己的心理策略，成为职场高手。

上司类型一：优柔寡断，左右掂量。

有一种上司在作决定的时候总是需要很长的时间，因为他要权衡利弊、趋利避害，但是又拿捏不准、不知如何取舍，这时就会左想想、右念念，很长时间过去了，还是没有结果，此刻的他非常需要一些建设性的意见，这时，只要你给他留够面子，在不让他有失身份的前提下，大

胆地和他商讨一些决策，帮助他下决心，就能够让他如释重负，并对你认可有加。另外，还有一种情况是上司心里已经有了决定，只是需要人们的支持，这时你提出倾向于他想法的意见，就会使其顺势而下，说出决定，并且对你的“提议”感谢有加。

上司类型二：话不多说，性格内向。

这种上司的特点很明显，他话不多，总是在做事，这种人往往比较喜欢实干派，也就是说，如果你说的比你做的多，那么他就会觉得你没有那么大的能力，反而把重要的工作安排给别人。所以，不要在这样的上司面前说空话，要能干，并且想办法让上司看在眼里。另外，这种上司在与下属沟通时，应该比较喜欢单独进行，相对于面谈或者打电话，他更喜欢用E-mail，所以，在给上司发邮件时可以花一些心思，用一些较为新奇的制作方法，例如，彩色动画的电子邮件，可以时不时给他点小惊喜。但是在发电子邮件时要注意，不要不分时间，尤其是非工作时间，以免招致他人的口舌。另外，当你与上司谈一件重要的事时，别用E-mail，而要通过面谈来表示你的诚意和决心，一起吃午餐是个很好的方式，既不会受到其他同事的干扰，又能和上司作最直接有效的沟通。

上司类型三：平庸却好大喜功。

如果你的上司没有什么大的作为，较为平庸，你不用太在意，完全可以以一颗宽容的心对待。这样的上司有一个特点，那就是一遇到有困难的工作就交给下属去干，自己坐等工作成果。遇到这种无能的上司不一定是件坏事，因为对于下属来讲，自己多了很多磨炼的机会，多了显露才华的机会。如果上司喜欢把别人的功劳揽到自己身上、不肯分出“一杯羹”，错了却要下属承担，也不要因此愤怒，要刚柔相济，既不要逆来顺受不敢反抗，也不要过于直接顶撞上司。在上司面前适当地维护一下自己的利益也是理所当然的，一定要让上司知道你是一个有原则的人，忍让也是有限度的。

上司的类型还有很多，在这里就不一一介绍了，总之，要把握好上司的类型，分析好、谋划好，做好心理对策。

踢猫效应：别被他人的坏情绪影响

工作中总会有这样的现象，那就是当领导的上司对他发泄不满的时候，领导会将身上的怒气发泄到下属身上，下属就会接着找其他人发泄，因为一个人总不能向自己的领导泄愤，除非他不想干了。“踢猫效应”就是指在自己有不良情绪时对下属发泄自己的不满，从而使下属继续找泄愤对象。人的不满情绪和糟糕心情，一般会沿着等级和强弱组成的社会关系链条依次传递，呈一个“金字塔”形状，由塔尖一直扩散到最底层，无处发泄的最底层，则成为最终的受害者。

张戈是一家公司的主管，上有经理，下有职员，他的协调工作不容忽视，然而，很多时候这是十分难做的，尤其是在领导心情不好的时候。一次，经理不知什么原因气冲冲地走进办公室，嘴里还叨咕着一些气话。正当张戈感到疑惑的时候，经理将无明火发到了他身上，说张戈平时做的都是什么工作，让人感到遗憾。张戈本来心情不错，这一下跌落到了谷底。张戈回到自己的办公室后看到小李正在整理东西，他也没管是谁，就开始发泄，吼了小李一顿，说他工作不努力。小李一脸无辜，回到自己的工作位置后心里非常憋屈，只好一个人默默承受。

很明显的一点就是张戈的经理将与他无关的怒气发到了他的身上，这让张戈一时无法接受这种无理指责，但是他不能和经理顶撞，于是他将怒气转嫁到了自己的下属小李身上，小李无奈只有自己承受，成为最终的受害者。在日常生活中，有一种现象很常见，那就是一个人在受到他人的批评后，不是冷静地想一下自己哪里错了、自己哪里做得不好，而是一味地感到心理不平衡，心里不舒服，总想找个人把自己心中的不满发泄一下才痛快。被批评，心情自然不会好，但是找人发泄怨气是一种没有认识到错误的表现，以至使他人遭受无明业火，使他人心中怒火燃烧并寻找发泄对象，这样就产生了“踢猫效应”。这样的过程根本不利于问题的解决，反而会激发更大的问题。

所以，在他人因为一些事情将无明业火发到我们身上时，先不要因为这个影响自己的情绪，使自己的情况变得很糟糕，而是可以对这种无端的指责不理睬，微笑面对，置之不理。这样一来，发火的人在冷静下来后会发现自己很愚蠢，进而向你做出一些近似道歉的举动；而如果你被这种情绪影响了，找别人去发泄，那么受这种坏情绪影响的人会越来越多，非但不会使矛盾得以解决，反而会使矛盾越积越多，最后激发更大的矛盾。

不过，如果对方说得有理，就不要因为自己受到批评而发火，要怀有一颗宽容的心，要虚怀若谷。这时你如果能够从对方的话中吸取一些东西，不但能够使自己减少犯错误的机会，而且对方在冷静下来后会觉得你是一个能够交往、值得信赖的人，使你的人际关系网更加发达。相反，如果一听见批评就暴跳如雷，只能让人觉得你不够大度，你也会因自己不冷静而产生“踢猫效应”，殃及更多的人。职场营生，你需要一颗强大的心，所以，一定要控制自己，不做情绪的奴隶，纵使身边大风大浪，自己也要保持风平浪静。

毛毛虫效应：走一条属于自己的创新之路

“毛毛虫效应”是指一些人一味地习惯跟着前面的路线走，结果导致了失败。这往往与人们的惰性心理、不喜欢思考的习惯有关。一个人不能只顾着自己眼前这点事，要把头抬起来，向前展望一下，这样对自己的发展是有益处的。

法国心理学家约翰·法伯曾经做过一个著名的实验，称之为“毛毛虫实验”。这个实验的具体步骤是把许多毛毛虫放在一个花盆的边上，使其首尾相接，围成一圈，在花盆不远的地方，撒了一些毛毛虫喜欢吃的松叶。毛毛虫开始一个跟着一个，绕着花盆的边缘一圈一圈地走，一小时过去了，一天过去了，又一天过去了，这些毛毛虫还是夜以继日地绕着花盆的边缘在转圈。一连走了七天七夜后，它们最终因为饥饿和精疲力竭而相继死去。

科学家在做这个实验前曾设想毛毛虫会很快厌倦这种绕圈活动，因为这毫无意义，它们应该转向它们比较爱吃的食物，但是毛毛虫并没有这样做，令人遗憾。后来，科学家把这种盲目跟着前面的路线走的习惯称为“跟随者”的习惯，把因跟随而导致失败的现象称为“毛毛虫效应”。

清朝“扬州八怪”之一郑板桥自幼酷爱书法，经过苦练，终于写得几乎和前人一模一样了。但是大家对他的字并不怎么欣赏，他自己也很着急，比以前学得更加勤奋、练得更加刻苦了。一个夏天的晚上，他和妻子坐在外面乘凉，他用手指在自己的大腿上写起字来，写着写着，就写到妻子身上去了。妻子生气地打了他的手一下说：“你有你的身体，我有我的身体，为什么不写自己的体，写别人的体？”郑板桥猛然从妻子这句话中受到启发：各人有各人的身体，写字也各有各的字体，本来就不一样嘛!从此，他取各家之长，融会贯通，将隶书与篆、草、行、楷相杂，用作画的方法写字，终于形成了雅俗共赏的“六分半书”，也就是人们常说的“乱石铺街体”，郑板桥成了清代享有盛誉的著名的书画家。

郑板桥之前为了获得人们的认可，便去模仿那些成名作家的字体，但那毕竟是人家的独创，自己模仿得再好也不是自己的，妻子的一番话令他悟到要有自己的特点，于是他不再一味模仿，而是有所独创，最后自成一家，留名青史。

很多人在跟随前面的人的时候会选择强者，那些强势的成功人士往往会给人们足够的信任感，于是在公司内形成了一大批坚定的“跟随者”，这些人相信他们的头儿绝对正确，“领导的话就是真理”，理解的要执行，不理解时是自己的脑子笨，也要执行。很多时候，出现错误了，自己还没有意识到，最后成了无辜的“牺牲者”。

所以，不能盲目追风，不能迷信一些书本理论，不能盲目崇拜名人。效仿成功人士可以，但是那些优点自己汲取一下、学习一下就可以了，不能完全复制，一定要适时创新，走自己的路。

马蝇效应：激励下属有门道

“马蝇效应”是指再懒惰的马，只要身上有马蝇叮咬，它也会精神抖擞，飞快奔跑。林肯少年时和他的兄弟在肯塔基老家的一个农场里犁玉米地，林肯吆马，他兄弟扶犁，而那匹马很懒，慢慢腾腾，走走停停。可是有一段时间马走得飞快，林肯感到奇怪，到了地头，他发现有一只很大的马蝇叮在马身上，他就把马蝇打落了。看到马蝇被打落了，他兄弟就抱怨说："哎呀，你为什么要打掉它，正是那家伙使马跑起来的嘛！"没有马蝇叮咬，马慢慢腾腾，走走停停；有马蝇叮咬，马不敢怠慢，跑得飞快，这就是"马蝇效应"。就像人，什么时候都需要他人的激励。有的人不是懒惰，而是需要别人的认可，一旦获得认可，他们就会有足够的动力和冲劲把工作做好。作为上司，我们一方面要树立自己的威信，把工作做好；另一方面还要注意鼓励自己的下属，让他们对自己肯定，这样就会使他们心中更有激情，更有做好工作的信心。

另外，"马蝇效应"不仅是说人需要激励，还有一层意思就是刺激、鞭策。一个人只有被叮着咬着，他才不敢松懈，才会努力拼搏，不断进步。

1860年，美国大选结束后几个星期，有位叫作巴恩的大银行家看见参议员萨蒙·蔡思从林肯的办公室走出来，就对林肯说："你不要将此人选入你的内阁。"林肯问："你为什么这样说？"巴恩答："因为他认为他比你伟大得多。""哦。"林肯说，"你还知道有谁认为自己比我要伟大的？""不知道了。"巴恩说，"不过，你为什么这样问？"林肯回答："因为我要把他们全都收入我的内阁。"

林肯之所以说要把比自己伟大的人都收入自己的内阁，就是因为他希望这些人能激励自己，让自己看到自身的不足，从而鞭策自己，使自己更加进步。作为一个管理者，你最大的成就就在于构建并统率一支由各种不同的专业知识及特殊技能的成员组成的、具有强大战斗力与高度协作精神的团队，不断挑战更高的工作目标，不断创造更大的绩效。人的欲求是千差万别的。有的人是理想主义者，可能更看重精神上的东西，如荣誉、尊重；有的人是功利主义者，可能更看重物质上的东西，如金钱。针对不同的人，要“对症下药”，投其所好，用不同的方式去激励他。总之，要让这匹马儿欢快地跑起来。

不要对员工放任不管，如果即便员工不工作自己也不说什么，那么最后只能是养闲人。当然，也不要过于严厉，否则只会让员工处于高度压力之下，喘不过气来，工作效率也不会高，甚至产生抵触情绪。所以，更善于应用“马蝇效应”，对下属巧用激励之道，做一名深谙激励之术的出色领导。

第 5 章　婚恋心理，柔情蜜意让爱情永久保鲜

爱情和婚姻是一个永恒的话题，看似简单，其中却有很多玄机。当然，如果你了解了婚恋中一些基本的心理知识，就会认识到爱情并没有你想象得那么高深莫测，婚姻也不是爱情的坟墓。男人为什么会对女人感兴趣？女人为什么总是喜欢说反话？如何轻松处理男人与女人之间不可调和的矛盾？这些都是这一章我们要学习的知识。千万别小看了，这些基础的东西往往能决定你的爱情，决定你的婚姻。

无须惆怅，先了解恋爱中普遍的心理曲线

很多人在感情的路上风风雨雨地走了好几年，两人的关系却渐渐地剑拔弩张，感情也经营惨淡。伤怀之余，人们不禁发出感叹：是自己老了，还是世界变了，怎么谈了这么多年的恋爱，突然发现不会谈恋爱了？

事实上，不是你老了，也不是世界变了，而是你对恋爱的认识不够，没有了解清楚恋爱中普遍的心理曲线，以至于爱人的所作所为让你不解，你觉得是对方不爱你了，实际上恰恰相反。所以，不必惆怅，当你明白了恋爱中的心理状况之后，你就会理解和明白对方。

慧伦和爱民牵手已经有大半年了，在这半年里，他们品尝到了爱情的甜蜜，也享受了幸福的浪漫。那段日子，他们每天都盼望着见到对方，尽管两个人在同一个城市里，可每天还是要打好几个电话才肯罢休。用爱民的话说，“听不到她的声音，我浑身不自在。”

可是，也不知道从什么时候起，他们不再在网上卿卿我我了。每天

的短信也不像之前那样没完没了了。手机偶尔响一下，还是天气预报。每天的电话也只有一个，少了想念，只是一句简单的问候，再到后来，两三天也没有一个电话。

当慧伦质问爱民的时候，换来的是两人激烈的争吵。要是换作以前，爱民会紧紧地抱住慧伦，亲亲她的额头，动情地说："小坏蛋，我要缠着你，一生一世。"慧伦伤心极了，在争吵中，她吼出了分手的要求。回到家里，她不吃饭也不喝水，一个人伤心流泪。

慧伦的嫂子，刚好这天在家。她和慧伦聊了起来。

嫂子得知事情的始末之后，笑着说："其实，两个人在一起时间久了，会对对方产生反感，这时候正如你现在所感受到的一样，感觉对方不爱你了。实际上并非如此，只是情感的表达方式变了而已。以前你们需要用言语来表达才能让彼此理解对方的情感；现在你们很熟了，一个眼神、一个动作就明白对方的情意。你要用心去感受他对你的好。"

慧伦不解地望着嫂子说："真的是这样吗？"

嫂子笑着说："这个过程是谁也避免不了的，关键在于你的选择。有的人选择了放弃，有的人选择了坚持，你要作怎样的选择自己想清楚。"

慧伦低下头不说话了。嫂子望着迷茫的慧伦说："要不这样吧，嫂子给你提个建议。如果爱民打电话过来向你道歉，说明他在乎你，爱着你，你就原谅他。如果不打电话，那么就选择放弃，行吗？"慧伦点了点头。

半个小时过去了，爱民打来了电话，给她道歉。两人和好如初了。

案例中的慧伦因为不了解恋爱中的一些规律和心理曲线，和爱民争吵，当她听完嫂子的一番话之后，原谅了爱民。在恋爱中，彼此的心在一步步地靠近对方，双方的距离慢慢地发生着变化，继而带来表达方式的变化。如果你不了解，你就可能在爱情的路上栽跟头。那么，在爱情当中，有哪些心理曲线呢？

1.先做朋友，慢慢地靠近

如果你喜欢对方，那么就要先做对方的朋友，去慢慢地接近他，继而走进对方的内心深处。很多年轻人觉得，喜欢对方，就要和对方要像谈了几年的恋人一样好。事实上，这是不可能的事情，对方接受你也需要个过程，你一下子离得太近，会让对方产生抵触情绪。因此，不要因为你的心仪对象没有接受你而感到惆怅，实际上，他需要时间来接受你。

2.让对方有心理期待

很多恋爱高手总是在和恋人玩得最开心的时候突然消失，让对方陷入一个期待之中，在这个时候，对方会焦急地想见他。越是想见，越是见不着。这样，对方内心对他的渴望就会增加，对他的情感倾斜就会越快。很多年轻人在恋爱的时候，天天黏在一起，却总是感觉对方不在乎自己，这时候，不妨想办法让对方对你有一个心理期待。

3.让自己成为对方的习惯

很多人觉得自己在谈恋爱，却感觉对方根本不在乎自己，自己的出现与否对对方没有任何的影响。事实上，不是对方心里没你，而是你还没有成为对方的习惯，对方感受不到没有你的不同，自然不会在乎你。所以，要想让对方离不开你，就要想办法成为对方生活里的习惯。当有一天你不在的时候，对方就会不习惯，这样他就会更加在乎你。

4.在对方最需要帮助时出现

当一个人最需要别人帮助的时候，其内心深处是没有防备的。如果你在这时及时地出现，那么无疑是在告诉对方，不论遇到什么情况，你都会第一时间出现，这样，你提供的依靠，就让对方有了绝对的安全感。因此，如果你觉得你的爱人总是没有安全感，那么不妨留意一些，在对方最需要的时候出现。

男女大不同：男人渴望似水柔情，女人期待百般呵护

在生活中，很多恋爱中的男女都会时不时地发出这样的感慨：眼前的这个人真的是自己的所爱吗？如果是，为什么她一点也不温柔呢？如果是，为什么他不关心我、不照顾我呢？事实上，不是对方不爱你了，而是因为你们都更爱自己。

在男人的内心深处，总是渴望着女人能够柔情似水。而在女人的内心深处，总是希望男人百般呵护自己。在审视对方的时候，无论男女，都会下意识地将对方拉进自己设置好的模型中，按照自己的标准去要求别人。事实上，别人不是你，怎么可能按照你的思维模式去迎合呢？

琪琪和海龙恋爱已经有两个多月了，可是在琪琪的心里，始终感觉不到那份温暖。她渴望海龙能跟她煲电话粥，能听她无聊的絮絮叨叨，尽管他们经常见面，但是琪琪的心里依然渴望这份感动。

可是，海龙很少给琪琪打电话，即使通了电话，也像履行惯例一样，说些不咸不淡的话，然后就迫不及待地挂了。每次和海龙打完电话，或者是两人约会后，琪琪总是感到非常孤独。

而对于海龙来说，他渴望琪琪能像只小猫咪一样，依偎在自己的怀里，更渴望琪琪温柔的关怀和深情的拥抱。可是每次琪琪都表现得那么强势，每次约会，吃什么饭由她决定，去哪里玩也由她决定，根本不

给海龙一个选择的机会。更让海龙受不了的是，琪琪从来没有向他妥协过。

为此，两人的感情一度亮起了红灯。琪琪说，海龙根本不爱她，而海龙的理由是两个人的性格或许并不合适。考虑再三之后，两人选择了分手。当时谁也没有感到有什么遗憾，并且都坚定地觉得自己的决定是正确的。

可是刚刚过了一个星期，他们就开始想念彼此，这时候他们才发现原来自己是爱对方的。就在海龙准备拨通琪琪电话的时候，琪琪的短信发到了海龙的手机上，海龙拨通了琪琪的电话，在电话里琪琪什么话也没有说，只是一个劲儿地哭。

海龙问她在哪里，她什么也没有说。海龙说了声，你等我，然后挂了电话。当他赶到他们第一次约会的地方时，琪琪憔悴地坐在那里。看到海龙，琪琪跑过去紧紧地抱住了他。那天，她像一只听话的小猫咪一样依偎在海龙的怀里。后来，海龙依依不舍地把琪琪送回了家。那晚他给她打了电话，他们聊了整整三个小时。

案例里的海龙和琪琪不是不爱对方，只是他们更爱自己，说直白点，是他们过于看重自己，总是将自己的想法和意愿强加到对方的身上，总是希望对方怎样，却从来没有想过对方希望自己怎样。在恋爱中，男人总是希望女人能温柔一些，女人总是希望男人更关心自己一些。那么，了解了婚恋中男女的不同心理后，究竟如何做才能使感情更加和谐和甜蜜呢?

1.女人要懂得示弱

很多女性朋友能力很强，这使她们表现得也非常强势，在与男人相处的时候总是发号施令、咄咄逼人。长期下去，男人便受不了了。因为在男人的心里，总是希望女人温柔一些、顺从一些，这样男人便会因为女人的温柔和顺从而感到由衷地高兴。因此，女人一定要适当地示弱，让男人找回面子和尊严。

2.女人要懂得表达

很多女性朋友情感很丰富，但是不会表达。然而，你不表达，男人怎么会明白你内心的情感呢？因此，这就给男人造成了假象，觉得这个女人太过刚烈和坚强，不需要自己的保护。这样男人便会失去对女人呵护的欲望。要想激起男人的保护欲，女人就要学会表达自己的情感，把你对男人的所有情感及时地表达出来。

3.男人不妨多个心眼

男人的心比较粗，很多时候考虑得不周全，往往忽视了女人一些细微的感受。这样容易导致女人觉得男人对自己不够用心，不关心自己，不呵护自己，觉得男人不爱自己了。事实上，男人只是不善于表达情感，尽管热情似火，却不懂得如何让女人感受得到。因此，作为男人，要想让女人疼你爱你，你就要多个心眼，多考虑女人的一些细微的情感。

4.对女人要有耐心

很多女人总是喜欢没完没了地说一些无关紧要的小事，这是她们发泄情绪的一种方式。一些不了解的男人听女人唠唠叨叨，觉得很烦。这样，女人就会觉得男人不爱自己，对自己不够好，烦自己了，以至造成了两人的情感危机。事实上，当你明白这是女人的一种情绪表达之后，你就会耐心一些，明白她们只是倾诉而已。

女人为何总是多疑，男人还是要先正己身

相对男人来说，女人的情感更丰富、更细腻，因而她们的感觉也很敏锐，男人稍微有个风吹草动，女人就会清晰地感觉到。这就是女人所津津乐道的“第六感觉”。对于女人来说，没有任何的事实依据，就是凭借感觉，但是有时候她们的感觉是出奇地准。

正所谓无风不起浪，女人的感觉不会是“空穴来风”“捕风捉影”，她们之所以有这样的感觉，是因为她们细腻的情感感觉到了男人身上不一样的东西，然后再通过丰富的联想，得出自己认为正确的结论。

这天晚上，凯伦回家整整晚了两个小时，当妻子小海打电话询问的时候，凯伦说，自己正在公司里开会。而实际上，是他的初恋情人从外地回来了，他应邀去吃了个晚餐。回家后，小海接过他脱下来的外套，挂在了衣架上，然后把做好的饭菜端了上来。

凯伦庆幸自己的谎言瞒过了妻子。可是渐渐地他感觉有些不对劲，平日里性格开朗的小海，在吃饭的时候总是讲她单位里的一些烦琐小事，而今天的她却表现得异常平静，低着头，一个劲儿地往自己嘴里扒饭。

凯伦关切地问：“亲爱的，你今天怎么了，怎么不说话了啊？”

小海抬起头，冷冷地看着凯伦，狠狠地将嘴里的饭菜咽了下去，一句话也没有说，眼神非常毒，仿佛要给凯伦判刑一样。凯伦本来就说了谎，心里发慌，于是赶紧低下头吃自己的饭。此时，小海愤怒地站起身，将手里的碗砸在了地上，一声脆响，仿佛砸在了凯伦的心上。

他抬起头，小心翼翼地狡辩道：“你这是怎么了吗？我真的是在

公司开会，最近一个案子出了点问题，公司全体员工都在加班加点地赶呢！我是领导，不能搞特殊嘛！”

小海没有说话，两只眼睛直直地盯着凯伦，凯伦越发心虚，他从妻子的眼神中可以断定，她知道了事情的真相。他吞吞吐吐地问：“你，你给公司打过电话了？”

小海依旧没有说话，眼睛一眨不眨地盯着凯伦。凯伦知道，她在等自己把整个事情说出来。于是他低着头，像个认错的小孩子一样，支支吾吾地说：“其实公司没有加班，是小倩出国回来了。她说好几年没见了，一起去吃个饭。我心想，大家都是朋友，人家邀请我，不去的话，显得我太没气量。之所以没告诉你，是担心你为此……”

还没等凯伦说完，小海走上前去，对着凯伦的脸狠狠地抽了一记耳光。在凯伦的印象中，小海下手从来没有这么狠过。由于没有防备，小海那一巴掌打得凯伦两眼直冒金星，这一下顿时激怒了凯伦，他咆哮着：“你这女人怎么这样呢？不就是吃了个饭吗？又能怎么地！”

小海也吼道：“我这样怎么了？吃了个饭，你还想怎么样？你的谎也编得够圆的，你咋不说你去拯救国家了呢，啊？”

案例中的凯伦和初恋女友一起吃饭的事，小海并没有得到任何的信息。但是她每天和凯伦生活在一起，对他的脾气、性格以及生活习惯了解得非常清楚。所以，当凯伦说谎时，她就感觉到了。这就是女人的第六感觉。也正是这种第六感觉，导致了她们的多疑。事实上，如果男人没有任何的猫腻，那么女人的多疑从何而来呢？所以，要想让女人不再疑神疑鬼，就需要男人先正己身。男人如何正身，才能防治女人疑神疑鬼的毛病呢？

1.不要轻易对女人撒谎

女人天生敏感，对自己男人的每一句话都能听出个八九不离十。但是很多男人总是抱有侥幸心理，觉得对方不知道，可以完全掩饰过去。殊不知，女人善于捕风捉影，从你的一个眼神、一个动作就能勾勒出一大堆情景来。本来很正常的一件事情，男人的一个谎言会让女人把事情想象得十分糟糕。所以，男人最好不要对自己的女人撒谎。

2.应酬不妨带上女人

有时候男人确实需要应酬，但是女人总是疑神疑鬼，尤其是一些有女性参加的应酬，更是让女人坐立不安。因此，作为男人，如果你觉得可以，不妨带着你的妻子，让她一起参加，这样会打消对方的疑虑。和其他女性接触的时候，也让女人在场，让她听到你所说的话，这样她的疑心自然就会消失。

3.和周围女性保持距离

当然，男人不可能不和女性接触，也不可能永远把妻子带在身边。那么，在和女性接触的时候，不妨保持足够的距离，用空间距离拉远心的距离。工作上的事情，尽量不要在私下里接触，这样就避免了女人的疑心病。当然，在私人空间里也最好别提与别的女人有关的事情，即使没什么，女人也会疑神疑鬼。

4.突发事情作合理处理

对于一些超出工作时间的突发应酬，男人不妨给出合理的解释。当然，这样的解释是为了打消女人的多疑心理，比如，你真的有应酬，那么不妨告诉女人具体的地址，和什么人在一起。如果有可能，邀请女人一起参加；如果不方便，可以让女人在周围等。你表现得越真诚，女人就越相信你；如果你什么都不说，女人便会多想。

适应“半糖主义”，婚恋中别过分依赖另一方

有些人谈了恋爱、结了婚便把自己的空间和时间压缩，完全像个狗皮膏药一样，黏在对方的身上，一天24小时都要跟对方黏在一起。相对来说，女人更为明显，但这往往压得男人喘不过气来。毕竟一个人的生活中不只有恋人。

挤压男人的私人空间，只能让他们选择逃离。这时候，女人不妨学点“半糖主义”，除了经营爱情和婚姻，也学着去经营和打理自己的生活。慢慢地，你就会发现，你的爱情越来越有滋味，你的生活也越来越有意义。

和俊逸结婚之后，艾菲的生活发生了翻天覆地的变化。昔日好友约她去逛街，她找借口推辞了；同事找她去聚餐，她一样找借口推辞了。当然，借口都是一样的，不是给俊逸做饭，就是去看望俊逸的爸爸妈妈。时间久了，她渐渐淡出了朋友们的视线。对于艾菲来说，也没有什么不好，总之，她的心思全在丈夫俊逸的身上。

对于妻子艾菲的热情，俊逸非常感动。她放弃了自己的生活，在他的生活里充当了一个配角，简单点说，俊逸觉得妻子爱他胜过了爱自己。事实也正是如此，在艾菲的眼里，俊逸就是她的全部。

可是时间久了，俊逸就觉得非常压抑。上班期间，艾菲总是不停地打电话，嘘寒问暖，吃饭的时候又不断叮嘱他。就连下班之后，艾菲也一个劲儿地催他回家，三分钟一个电话，五分钟一个电话，频繁询问他的位置。更要命的是，俊逸和昔日的好朋友聚会，艾菲总是一个不落地要参加。很多时候，因为她的存在，朋友们都不能尽兴。

后来，俊逸忍无可忍，狠狠地跟艾菲吵了一架。直到那个时候，艾

菲才意识到自己的爱太过沉重，已经让俊逸到了忍受不了的程度。她知道俊逸很爱她，几乎没有跟她发过脾气，可是这一次，俊逸非常愤怒。

明白了这一切之后，艾菲重新开始打理自己的生活。她主动给以前的朋友打电话，精心打理和安排自己的生活。慢慢地，她发现，自己的生活也可以多姿多彩。而正是因为少了很多对俊逸的关心，她反而得到了丈夫的关怀。

现在的艾菲再也不在家里等着俊逸回来了，而是一有时间就和朋友、同事逛街。她再也不有事没事给俊逸打电话了，而是去关心她的亲戚朋友。两个人的关系并没有因为彼此的忽视而“疏远”；相反，正是因为“忽视”，彼此之间才尊重了对方，给了对方自由，两个人的感情更加甜蜜了。

案例中的艾菲在结婚之后，把所有的精力都放到了丈夫俊逸的身上，在爱的同时也给了俊逸极大的压力。后来，艾菲明白了爱情和婚姻要使用些“半糖主义”，要给对方空间。由此可见，爱情并不是你付出得越多就越好，你在付出的同时，也要考虑对方能否接受，也要给对方付出的机会。那么，在婚恋中，如何做才能使用“半糖主义”，摆脱婚恋中的依赖心理呢？

1.要有自己的生活

即使结了婚，也是两个独立的人。所以，要学会精心设计和打理自己的生活。要有自己的朋友和社交圈子。这样，你在经营生活的同时，也能经营好爱情和婚姻。毕竟爱情和婚姻并不是一个人的全部。用婚姻这个笼罩来把自己或者对方的生活完全隔离在两个人的世界里，无疑对谁都是不公平的，也是不健康的。

2.付出一定要适度

有些人觉得，自己恋爱了、结婚了，就要全心全意地去对待对方。当然，这样的想法没有错，对爱情和婚姻的付出也是值得肯定的。但是，凡事都有个度，过犹不及。如果你的付出让另一半感觉到快乐和幸福，那么就是值得的。相反，如果对方感觉到的是痛苦，那么你就要有所收敛，因为对方承受不起。

3.给对方独立空间

爱情，包括婚姻，都不是占有。两个人确定了关系，并走进了婚姻的殿堂，那说明你们彼此是对方生命中最重要的那个人，但并不是对方的全部。对方还有朋友，还有亲人，还需要和社会上形形色色的人打交道。如果你不给对方足够的独立空间，那么对方就会因为你的爱而背负沉重的心理包袱，你的过度依赖会让对方窒息。

4.尊重对方隐私

有人觉得，两个人在一起了，就应该互相信任，但是信任并不代表对方在你面前没有隐私。有些事或许不方便让你知道，更有可能的是你不能知道。如果你觉得对方不告诉你就是不信任你，对方就会忍受不了你的控制而选择逃离。

展现安全感，给对方一份踏实的感情

很多时候，我们总会听到恋爱中的人抱怨：我没有安全感。那么，究竟为什么呢？究其原因，主要是爱情的唯一性和排他性在作祟。因为是唯一，所以你选择了对方就要放弃别的选择。与此同时，你也会要求对方作选择。但是，你不能保证对方愿意为了你放弃，或者是愿意为了你将自己的选择坚持下去。

说简单点，就是不相信对方，而彼此信任则是爱情、婚恋最基本的前提。因为怕被背叛，怕受伤害，所以，不敢放手去爱。在爱情上举棋不定，往往会让彼此之间的感觉大打折扣，而爱情少了感觉便会索然寡味。因此，很多人在婚恋的路上总是迷茫，不知所措。

雯雯和靖宇是通过朋友介绍认识的。见面的那天晚上，两人有说有笑，并没有任何拘谨，气氛和谐，感觉很好。雯雯被靖宇的帅气和成熟深深地吸引了，而靖宇却钟情于雯雯的简单和真实。

没过多久，两人牵手，正式确定了恋爱关系。虽然两人一直在热恋中，但是靖宇感觉不到一点儿幸福，他总是忧心忡忡，由于曾经受过伤害，他不敢再放手去爱，他怕对方突然间从他的身边离去。

说实话，他并不优秀，没有太多的钱，没有稳定的工作，这样的人在街上一抓一大把。而雯雯虽说不算漂亮，但是气质非常好，家境也不错。在靖宇的心里，总觉得自己配不上雯雯，两人相处的时间越久，他的这种感觉就越强烈。

对于雯雯来说，和靖宇走到一起实在不易。她已经远远超过了谈婚论嫁的年龄，可是始终碰不到那个让她心动的人。父母的催促让她压力倍增，可是她又不想随便把自己嫁掉。而靖宇帅气不说，而且很有才华，很有思想。在她快30岁的时候能找到这样一个男人，当然要紧紧地攥进手心里了。

她也担心靖宇会离开她。因为靖宇不落俗套且才华横溢，身边总是围绕着很多漂亮时尚的女孩子，其中不乏各方面条件都比自己优秀的人。为此，她总是很担忧，担心某一天，靖宇突然从她的身边消失。

尽管两人都在拼命努力，可是感情并没有增进多少。因为他们都缺乏安全感，不敢放手去爱，而把爱情当作模式或者是程序去走。以至于后来两人都厌倦了这种模式，都很迷茫：接下来怎么办？分手吧，有些不舍得，毕竟彼此爱着对方。可是继续呢？又觉得两人都小心谨慎，爱情没有意义。

案例中的雯雯和靖宇都很喜欢对方，但是因为缺乏安全感，所以不敢放手去爱，以至于让爱情走到了十字路口，亮起了黄灯。究竟是该继续呢，还是该放弃呢？两人都很茫然。由此可见，安全感是爱情保鲜的防护墙，因为生活的变数实在太大，爱得深了会伤害自己。缺乏安全感，爱情便索然寡味了。那么，如何才能在婚恋中让你的心有安全感呢？

1.要相信自己，不要自卑

不可否认，爱情的目的是走向婚姻。可是在恋爱中，很多人往往太过注重实际的条件，觉得自己条件有限，配不上对方，殊不知，爱情还是要靠感觉的。所以，要相信自己的实力，在双方的交往当中，千万不要自卑，你的自信更能让对方为你着迷。只要双方感情深厚，那些外在的条件也就变得微乎其微了。

2.要相信爱情，放手去爱

由于形形色色的价值观、爱情观的出现，更多的人宁愿相信金钱，也不愿意相信爱情。这样，恋爱包括婚姻就变成了赤裸裸的交易。即使是有感情的双方，也会或多或少地考虑物质条件。因此，传统的爱情观受到了严重冲击，这使得恋爱中的双方都不相信爱情，导致两人畏首畏尾，不敢去爱。这也是严重缺乏安全感的表现。

3.要相信对方，勇敢付出

彼此信任是爱情的基石，可是现实生活存在的诱惑实在是太多。

所以，即使是热恋中的人也总担心自己白白地付出，总担心对方会离开自己，这样，便破坏了彼此之间的美好感觉。其实，大可不必为此而担忧，既然是恋爱，彼此选择，那么就要相信你的恋人，勇敢地付出，否则，恋爱便无法继续谈下去。

4.别害怕承受失败的痛苦

很多人之所以严重缺乏安全感，是因为曾经或多或少地在爱情上受过伤害，所以，总是担心再次被伤害，认为小心翼翼就可以减轻甚至避免伤害，但这种心态同样也让走向成功的路扑朔迷离。因为你缺乏安全感，便不敢去爱，不爱怎么会有爱情的结果呢？正应了那句老话：付出了不一定有收获，但是不努力绝对会失败、会受伤。因此，受伤了也不要害怕，依然要全身心地去爱，因为只有这样你才能得到真正的爱情。

寻求刺激的心理：别让出轨伤害婚姻

在婚姻中，两个人相处的时间久了，慢慢地也就失去了新鲜感，这时候，婚姻更多的是要靠责任来维系。但是生活中，很多人耐不住寂寞，在婚姻之外跟别人发生感情，导致出轨之事频发。

人在情感里一旦出了轨，就会对爱情、对婚姻造成极大的伤害，轻者感情破裂，重者妻离子散，而出轨的感情根本代替不了结发的情感。因此，出轨不管是对男人还是对女人来说，都是一条不归路。即使你再努力弥补，你的家庭也回不去了。

王爱和邓华结婚已整整六年，在这六年里，他们虽然算不上有多么恩爱，但是日子也在争争吵吵中过得有滋有味，现在他们的孩子已经三岁多了。上有老人，下有孩子，一家人的日子其乐融融。

可是事情就在今年夏天发生了变化。原来，那段日子，王爱的父亲因为癌症离世了，王爱的情绪非常低落。为了让妻子的心情迅速好起来，邓华为她报了团，让她去九寨沟好好玩玩；本来说好是两个人一起去的，可是为了省钱，邓华只给王爱报了名。

那天，王爱离开了家，随着旅行团出发了。说来也巧，她在车上竟然碰到了小时候的玩伴郑斌，两人愉快地交谈了起来。原来郑斌刚刚离婚，也是前去散心的。两人都是孤身一人，于是结伴而行。

由于两人都遭受了生活的打击，所以在一起聊得特别投机，他们互相鼓励，互相安慰。对于王爱来说，郑斌的成熟和稳健深深地吸引了她，他给她的是丈夫邓华无论如何也给不了的。尽管这些年，她和邓华也过得挺好，但是她总感到很孤独，尤其是遭遇了失去亲人的打击之后。而恰恰同样遭遇了生活痛苦的郑斌却让她感到非常温暖。同时，王爱的善良和体贴，也征服了郑斌。

于是，在出外游玩的日子里，郑斌和王爱牵手了。这几天对于他们来说，可谓是人间天堂。可是旅游结束之后，现实的问题又摆在了他们面前。要想和郑斌长久在一起，王爱就得和丈夫离婚，说实话，她并没有想好，毕竟和邓华有六年的夫妻情分了。可是，她又舍不得郑斌，她知道自己爱他。在艰难抉择之后，她打算给自己一个月的时间来考虑。就这样，一切仿佛什么也没有发生过一样。郑斌离开了，王爱回到了自己的家里。

可是这一切瞒不过邓华的眼睛。自从回来之后，王爱再也不让邓华碰她，也不爱操持家务，而是用手机不停地发短信。后来，趁王爱不注意，邓华看到了郑斌的手机号码打了过去。一切水落石出。

当邓华愤怒地质问王爱的时候，王爱才意识到了问题的严重性，她不想失去孩子，不想失去家庭。于是她向丈夫保证和郑斌断绝关系，好好过日子。为了不让这个家破裂，邓华原谅了王爱。

可是，从那之后，邓华始终不给王爱好脸色看，动不动又打又骂。王爱知道自己做错了事情伤害了丈夫，所以一直忍让，可是邓华并没有停止。一次，在邓华喝醉酒痛打王爱之后，王爱哭着问他："你就不能像以前那么对我吗？"邓华骂道："那你是以前的你吗？"从那时候，王爱才明白，其实邓华并没有真正原谅自己。

他们的婚姻就这样结束了。

案例中的王爱因为对郑斌产生了好感，随即在婚姻的道路上出了轨。尽管后来她因为舍不得孩子、舍不得家庭而断绝了这段婚外情，可是她的出轨给家庭、给丈夫带来了伤害，以至于丈夫为此耿耿于怀，无法原谅她。由此可见，在婚姻中出了轨，便没有回头路，即使你的另一半原谅了你，他的内心深处也留下了一根刺，要想回到之前是不可能了。那么，如何避免在婚姻中出轨呢？

1.双方保持经常沟通

很多人出轨是因为夫妻关系出现危机，彼此都不能给对方温暖，反而伤了对方的心。这种情况下，婚姻中的一方甚至双方很容易从别人身上寻找安慰，以致婚内出轨。因此，夫妻双方要尽可能尊重对方，理解对方，经常谈心，保持沟通，这样，对方才不会感到孤独，有问题也能及时解决。

2.要有家庭责任感

要对一个人永远保持新鲜感是不可能的。两个人在一起久了，免不了彼此厌倦，当一个人对自己的伴侣厌倦时，往往会对别人产生兴趣。这时候，你要明白你是有伴侣的人，有家就有责任。当你明白了自己身上背负的责任之后，就不会轻易迈出脚步。

3.要学会给爱情保鲜

周而复始的生活往往会让我们的心失去憧憬幸福的动力。这样一来，当下一个有缘人出现在生活中的时候，有人便很容易走错路。所以，要想杜绝出轨，就要学会给爱情保鲜。不要以为结婚了、有孩子了，就不需要浪漫了。时不时给你的妻子送束花，精心打扮给你的丈夫跳支舞，往往能让两个人的爱情更加甜蜜。

4.要有预防出轨的意识

很多人出轨之前并没有对出轨之后的问题认识清楚，觉得不就是那么回事嘛，有什么大不了的。在这样的认识之下，出轨也就变得很轻松。事实上并非如此，出轨会持续对你的婚姻造成伤害。所以，要有预防出轨的意识，这样，当面对外界诱惑的时候，便会有免疫能力。

中　篇

心理洞察，洞悉他人内心世界

第6章　解读表情，微表情渗透心理秘密

有些时候，面对不善言谈的人，有些人能够从对方的表情中迅速读懂对方的内心，从而抓住对方的心思，然后句句说在对方的心坎上，最后达到自己的目的；相反，有些人总是不分对象，见人就口若悬河，往往让听者心生烦恼而又不好说出来，于是两个人的关系越谈越僵。为什么前后两者会有这么大的差别呢？其实原因就是前者能够解读表情，从对方的表情中读出对方的内心世界。如何才能做到这一点呢？请看本章节的详细解密。

你心里想什么，脸上可能真的有什么

李欣和赵启是同乡，最近两人一起进了一家电脑公司的销售部当业务员。两人的学历、性格都差不多，领导为了看他们两个人的个人表现，决定分派他们两人到两个不同的地方开展业务。

李欣去的地区比较偏僻，但是他没有悲观，而是认为赚钱的机会来了，因为市场潜力很大；赵启去的地方很富裕，他同样很乐观，因为觉得当地人都有能力购买电脑。

有一次，李欣到学校去推销电脑，当走进校长室的时候，校长第一眼并没有留意面前站着的这个人，而是看着他手中的电脑，看完之后，低头沉思片刻，才抬起头来对李欣说道："你是来推销电脑的吧？"

李欣笑道："校长您好！我们电脑公司积极响应国家的家电下乡政策，推出了一款价格便宜、质量又好的笔记本电脑。"

校长神情有些迟疑，半信半疑的。

李欣微笑道："这台电脑的配置完全是高质量的，只是为了响应国家的政策才将价钱降到原来的一半。"

说完，李欣把产品的优惠政策说明书、电脑配置质量说明书以及售后服务等给校长翻看。校长看后，问了一下价格，双方就价格谈妥后，校长订了二十台电脑。

李欣以同样的方式在他所在的地区谈成了很多业务。

且看赵启，赵启每次向别人推销电脑之前，总是不善于细看别人表情，只是介绍他所卖的电脑如何好，最后几乎没有谈成一单业务，失败而归。

在这个案例中，李欣之所以能够成功，不是因为他比赵启多了什么绝学，只不过是李欣更善于从客户的表情着手，摸清对方的心思，然后逐步引导客户作出购买决定。因此，在说话前，不妨先看看对方的脸色，摸清对方的心思，然后"对症下药"。那么，如何才能做到这一点呢?

1.对方眼睛凝视某处意味着在思考

当对方在思考的时候，眼睛往往会凝视某处不动。比如，在生意谈判的时候，当对方眼神凝视某处不动之时，对方可能正在思考你提出的条件，正在权衡利弊。这时，你不妨作出一点点让步，然后对方就有可能答应你所提出的条件。

2.对方努嘴意味着对你不满

当有人向你努嘴的时候，往往意味着他对你之前说的话或者做的事情感到不满。这个时候，你应主动道歉，如此，对方也会不由自主地原谅你；否则，只会让对方更加讨厌你。

3.对方双眉上扬意味着心情起伏较大

双眉上扬是人在极度欣喜或者极度惊讶的情况下才做出的动作。

在这种情况下，对方的心情起伏一定比较大。如果你想告诉对方什么事情，最好等他的心情平复以后再说；否则，即使你想和他谈有利于他的事情，也很有可能引起他的反感。

4.对方鼻子冒汗意味着心里紧张

鼻子冒汗往往是因为遇到突发急事，心中紧张。当对方出现这种情况时，高明的谈话者往往会选择从一些平和的话题入手，尽量在语言上宽慰对方，从而博得对方的好感；否则，只会让对方越发紧张，导致谈话陷入僵局。

5.对方面部肌肉绷紧意味着很悲伤

面部绷紧之人往往刚经历过悲伤的事情，这个时候，他的心情很可能和常人不一样，说起话来比较容易冲撞他人。聪明的谈判者面对这种人时，会找一些令人高兴的话题来谈论，在说话过程中，即使对方语言上不太友好，也能够心平气和地回答。

瞳孔的变化你能发现吗

在生活中，只要你细心观察就会发现，有些人在说话前总喜欢先打量对方一番，然后他们说的话往往句句都说在了对方的心坎上；相反，有些人总是莽莽撞撞，只要他面对的是一个人，他便口若悬河地大肆谈论起来，但大部分话语都提不起对方的兴趣，最后双方只有不欢而散。

为什么前者在说话之前首先打量一下对方呢？其实，他们是在观察对方的瞳孔，然后根据瞳孔中隐藏的秘密来判断对方的心理。因此，在生活中，善于发现瞳孔里的秘密对于了解对方心理是非常重要的。

张西是一个喜欢冒险的投资者，他喜欢周游世界，到处经商。虽然家人极力反对，但是他认为这样能够积累更多的经验。

有一次，他将自己经营多年的金银首饰店转让了，然后只身一人跑到异国他乡去继续做金银首饰生意。当时他的亲人和朋友都极力反对，因为他们认为张西的外语不太好，而且没有在国外生活和工作的经历，现在一个人去做生意风险太大。

他来到了西欧的一个小国，在那个地方开了一家金银首饰店，但是他发现那个地方的人在买首饰的时候不太喜欢多说话，他和顾客说话也很少有人理会他，为此，他感到很苦恼。

在细心观察一段时间后，他发现凡是买他首饰的顾客，在购买之前瞳孔会变得很大，而没有买他首饰的人瞳孔则没有什么变化。

发现这个规律以后，当他发现顾客眼睛变得很大的时候，他就把首饰的价钱抬高；相反，当他发现顾客的瞳孔没有什么变化的时候，他就把价钱稍微放低一点。

一年之后，他的生意越做越大，很多亲戚朋友都很羡慕他，他的家人也由当初的反对变成现在的支持。

几年以后，他在很多国家都有了自己的连锁店。

在这个案例中，张西是一个善于细心观察别人表情的人，当他发现客人瞳孔变化的秘密以后，他将它运用在生意上，于是生意越做越成功。在生活中，善于发现瞳孔里的秘密，对于了解对方心理，从而“对症下药”、实现自己的目的是非常重要的。那么，如何才能做到这一点呢？

1.有强烈的兴趣时

这种瞳孔放大的情况生活中经常发生，人们凡有强烈兴趣或追求动机时，瞳孔会迅速扩大。案例中的张西就是利用了瞳孔的这一特点迅速做大生意的，比如，出售首饰时，他根据顾客瞳孔的大小来要价，如果一枚钻戒的熠熠光泽能使顾客的瞳孔扩大，他就把价钱要得高一些。

2.感到厌恶之时

瞳孔活动与心理活动有着十分密切的关系，厌恶时瞳孔往往会缩小。因此，聪明之人在看见对方的瞳孔缩小之后，往往会反思自己的行为或者言语有没有让对方不高兴。如果有，聪明之人会主动道歉，然后争取对方原谅；如果没有，聪明之人会暂时回避，等到对方情绪好转之后再交流。

3.感到疲倦的时候

当对方感觉到疲倦的时候，瞳孔往往会变大，同时眼神游离，有时候还会闭上眼睛，这个时候不管你对对方说什么话题，对方都会无精打采，似睡非睡。这时，聪明的人往往会暂时回避，待到对方的疲倦消失之后，再继续交流。

4.感到悲伤的时候

当一个人感到悲伤的时候，他的瞳孔往往会变大，眼中还会有泪珠。此时，他的情绪很不稳定，一旦遇到令他悲伤的话题，他也许会忍不住大哭起来。这个时候，你可以说一些宽慰他的话，对方会因此感觉到温暖，从而对你产生好感。

5.感到恼怒的时候

当一个人感到恼怒的时候，他的瞳孔往往会变大，并且眼睛瞪得圆圆的，他会感觉有气堵在心中，将自己压得很难受。遇此情形，聪明之人往往会暂避锋芒，待到对方的情绪稳定之后，再与他交流。

通过嘴巴的动态掌控他人内心喜怒哀乐

面对表情多变的人，有些人能够细心观察，及时读懂嘴唇上的表情变化，然后“对症下药”，在处理人际关系的时候游刃有余；相反，有些人往往忽视嘴唇上的变化，认为对方很顽皮或者这只是无意识的动作，以致引起别人的反感，最终使得谈话双方分道扬镳。因此，在生活中，读懂嘴唇上的“微表情”是相当重要的。

张龙是一个涉世未深的大学毕业生，大学毕业后通过公务员考试考进了西部某一偏远地区的市政府机构。听说他端上“铁饭碗”之后，亲戚朋友们都非常高兴，认为他就要飞黄腾达了。

他在亲戚朋友的欢送下坐火车到单位报到，走到单位楼下时，他的心凉了半截：一个地市级的机关居然位于一栋只有五层楼高的破旧楼房里。房子旧旧的，还没有家乡乡政府的办公大楼高大宏伟，甚至还不如一些平常百姓家的房屋高大。他微微咬着嘴唇走到五楼。

当他走到单位门口的时候，他的心几乎全凉了：很多办公室里的办公设备破旧不堪，与他心中所想的情形完全不同。这时办公室里走出一个人，打量了一下张龙，微笑道：“你是新来单位报到的吧？”

张龙的神情依然有些呆滞，咬着嘴唇，微微点点头。

那个从办公室里走出来的人好像看出些端倪了，微笑道：“新的办公大楼就要落成了，这边的办公楼还是新中国成立后不久修建的，有些破旧。”

和单位的领导及同事一一自我介绍之后，领导说道：“小张，你得自己租房子住。”

张龙来这之前，通过网上了解这里的平房一般是没有厕所的，而楼房很贵，并且一个人住的话有些大，本来希望单位能够安排住宿。所以，他听领导说完之后表情微微有些迟疑，抿着嘴，低声说道：“哦！”

领导已经从他的微表情中猜到了他的心思，于是说道：“单位里职工都没有房子，有什么需要帮助的，我们可以想办法给你解决。”

张龙不再说什么。

有一次，单位的领导想给张龙介绍一个对象，于是对张龙说道：“你的年龄也不小了，你有没有考虑过结婚？”

张龙摇摇头。

领导忽然变得严肃起来，张龙这才恍然大悟，连忙说道：“我还年轻，暂时还不想结婚。再说，我的家在农村，父母为了我读大学，已经耗尽了家里的钱财，我现在得赶紧支援家里。”

说到这里，领导咳嗽了一声，抿着嘴，但是张龙情急之下没有留意。

后来，领导再也没有给张龙介绍过对象，其他领导以及同事对他也都变得冷淡起来。

在这个案例中，张龙喜欢用嘴唇的微表情来表达情绪，但他又是一个不善于观察对方嘴唇上的“微表情”的人，以致后来和同事关系破裂，最后不得不考虑离职。因此，在生活中，读懂嘴唇上的“微表情”是相当重要的。那么，如何才能做到这一点呢？

1.对你不满的努嘴

努嘴之人往往是对别人做的事或者说的话不服气，常见于有活力的青少年以此表达自己的不满情绪。因此，当你的朋友或者晚辈向你努嘴的时候，你不要误以为这只是小孩子的习惯动作，这是表明对方已经对你不满了。聪明的人往往会自我反省，然后主动向对方道歉。

2.令人尴尬的翘嘴

翘嘴之人往往是被别人的话说到了心窝上，但是又有些不满情绪。如果男生将一个女孩难堪的事情说出来，女孩往往会翘着嘴表示不满。因此，当有女孩向你翘嘴的时候，你最好换一个话题，免得让彼此都很尴尬。

3.含义多样的撇嘴

撇嘴有很多意思，有些时候，嘴向左撇示意你往左边走，嘴向右撇暗示你向右走；而有些时候，撇嘴意味着别人对你很不满，有些不屑一顾，这往往是成年人的专利。如果你向别人撇嘴，很容易让对方生气，所以要慎用撇嘴。

4.生气时往往嘴唇僵硬

人生气的时候，往往会嘴唇变僵，同时微露牙齿，这一点男女老少都一样。生气之人，必定心中有气想发泄，但一时又无法全部发出来，他只好咬牙切齿，暂忍心中怒火，从而导致嘴唇僵硬。

5.思考时往往咬着嘴唇

咬着嘴唇的人往往是在思考问题，这通常是年轻人的专利。一般来说，年轻人的思维比较发散，当他们对一个问题想不出答案的时候，往往会咬着嘴唇以集中注意力，然后沿着之前的思路纵深考虑。在面对这种人的时候，你最好不要打扰他，免得扰乱了他的思路。

眼为心门，解析不同眼神的含义

在人多场合，想要告诉你的好友一些紧急而私密的事情，又不方便用语言交流，此时你也许会用一个眼神暗示他到隐蔽的场所，你也许会选择用眼神直接将事情告诉你的好友，只要你的好友能看懂你目光里的含义。

龙武是一家玩具厂流水线的线长，在工作中，他认识了流水线女工赵雪，随着时间的流逝，两人的感情越来越好。

两人的年龄也越来越大，已经到了谈婚论嫁的年龄。于是，快到春节的时候，赵雪带着龙武回老家看望父母，也希望父母能够给自己参考一下。

在回去的火车上，龙武用开玩笑的口气问赵雪："在你们家乡结婚都有什么风俗习惯？会不会要很多彩礼？"

赵雪白了他一眼，然后眼睛忽然左转转，然后右转转，迟疑了一会儿，假装很生气地说："你也太看不起我们西北人了吧？我们虽然不富裕，但是我们不落后，都现代社会了谁还会要彩礼啊？"

龙武并没有留意女朋友的眼神变化。

虽然赵雪的口气有些霸道，但是龙武心里非常高兴，因为现在他的家里正值经济困难时期，两个弟弟在上大学，花费了不少学费和生活费，他家里的生活费都是向邻居借的。

到了赵雪家后，在饭桌上，赵雪的父母一边瞅着龙武，一边用眼睛瞪女儿，赵雪有些不满了，大声说道："我办婚礼可不许你们向男方要彩礼！"说完，她朝母亲使了个眼色。

龙武一心在想吃完饭后该帮未来的岳父母做些什么家务，并没有留意赵雪一家人的眼神。

这时，赵雪的母亲说道："按照我们这边的习俗，男方需要拿10万元给女方家里，然后女方家里用这笔钱给女儿买嫁妆，不过你放心，我们会把这些钱全部花在你们小两口的身上。"

龙武听后，脸色苍白，眼神游离，险些将碗掉在地上。

清醒过来之后，龙武说道："我现在家里经济负担比较重，有两个弟弟在上大学……"

还没等龙武说完，赵雪的父母就匆匆放下碗离开了桌子。

等到龙武走的时候，赵雪借故要在家里多陪父母几天，便没有和他一起走。

从此，龙武再也没有见过赵雪，打电话也没有人接，两人的关系就此结束了。

在这个案例中，龙武不善于观察对方的眼神，因而没有洞察出女友及其家人的内心世界，以致说错了话，让双方的关系就此终结。因此，读懂眼神里的语言、看懂目光里的含义是相当重要的。

1.自卑的人往往害怕和人对视

在生活中，当你将眼光对着他人的时候，有些人往往会迅速将视线移开，总想避开双方的眼神交流，这些人往往很自卑。在他们心里，别人的眼神好像是在挖苦他们的缺点，在嘲笑他们的不足，当你注视他们的时候，他们会感到很紧张，而且容易发怒。

2.内向的人视线在别人身上

性格内向之人，在一个地方生活久了，容易被他人发现他的性格弱点，往往会有一些朋友劝他开朗一点。因此，当性格内向之人与一个陌生人交谈时，他会为了证明自己不是内向之人而显出一副不害羞的样子，于是他会将视线游移到对方身上。

3.诚实的人视线在对方的眼面

诚实之人往往会认真倾听对方的谈话，然后最大限度地从别人的谈话中获取信息，并将自己所知道的东西老实地告诉对方。此时，他只有将视线移至对方的眼部和面部才能最大限度地从对方的谈话中获取信息。

4.仰视的人对他人尊敬和信任

有些人面对自己比较尊敬的人时，他们往往会仰视对方，因为在他们心里对方的形象就像高山一样，需要仰望。同时，他们还比较喜欢观察对方的一举一动，而仰视恰好能够看到人面部的主要变化。

5.俯视的人在保持自己的尊严

有些时候，有些人在自己的尊严受损之后，往往急于挽回自己的面子，他们在言语上占不到对方的便宜，于是在眼神上下功夫。他们往往会俯视对方，因为在他们心里，俯视别人就像站在高山上俯瞰深谷里的小树一样，在心理上会有一种优越感，从而让自己感到心理平衡。

眉毛挑动意味着什么

我们想了解一个人的心境时，不一定非要和他交谈，对方眉毛的细微变化就能传递出许多信号。当一个人的眉毛靠近眼睛时，表示他对周围的人更热情，愿意与人接近；相反，眉毛上挑，则表示这个人更加需要别人的尊重，需要时间来适应现在的场合。可以说，在生活中，挑动的眉毛正是他怦动的心。

赵明是一个不善言谈的大学生，从不和身边的同学多说话，但是他头脑聪明，每年都是系里的第一名，人长得也很帅，因此，很招女生喜欢。

有一次，吃完晚饭后，赵明的同学刘雪邀请他出去散步，在美女面前，赵明很拘束，但是又找不到合适的理由拒绝刘雪，于是只好和刘雪一起在桃花飞舞的校园里散步。

刘雪假装向他请教学习方法，问道："你平时是怎么学习的，怎么这么厉害呢？"

赵明很腼腆，谦虚地说："其实，我就是上课认真听讲，并且做好笔记，然后平时多翻翻笔记就行了。"

刘雪故作很惊讶的样子，说道："就这么简单啊？"

赵明点点头。

刘雪问道："那么有没有女生向你请教过关于学习方面的问题呢？"

赵明点点头。

刘雪有些不乐意，微微皱眉，追问道："在那些向你请教问题的女生中，有没有你喜欢的？"

赵明被她问得面红耳赤，但是眉毛微微挑动。

细心的刘雪注意到了这个细节，心中暗喜，于是说道："那你觉得我怎么样呢？"

赵明听到这里，耳朵更红了，而眉毛也迅速挑动起来。

刘雪看到他的表情后，得意地笑了，说道："我是想问你，我的学习能力怎么样，有没有可提升的空间。傻瓜！"

赵明点点头。

于是，刘雪顺势说道："那么，以后每天傍晚我都在这个地方向你请教问题喔！"

赵明点点头。

于是，每天傍晚，桃花下，同学们总会看到刘雪和赵明有说有笑地在一起学习。

大学毕业后，刘雪和赵明结婚了。

在这个案例中，面对不善言谈的赵明，刘雪细心观察对方眉毛的变化，当看到对方挑动的眉毛时，她知道对方的心也在怦动了，于是知道了对方心中的真实想法，最后他们两个走到了一起。在生活中，挑动的眉毛正是人怦动的心。那么，如何才能读懂眉毛的变化呢？

1.不妨留意皱眉

皱眉是一个人把眉头皱起，其中的原因很多：当一个人对对方所提出的问题迷惑不解或者是否定的时候，会情不自禁地皱起眉头；当受到侵害、感到恐惧时，人也会皱眉，在这种情况下，人不仅会皱眉，还会将眼睛下面的面颊往上挤，以提供最大的防护，这时眼睛仍睁着并注意外界动静，便形成了皱眉的动作。当你和别人在交谈的时候，发现对方时不时地皱眉，那么你就要注意了，看看自己有什么地方让对方感到不满或受到侵害了。

2.解密扬眉的含义

通常情况下，眉毛上扬表达内心愉悦。上扬的是双眉还是单眉，所表达的意义也是不一样的。双眉上扬的时候，一般表明对方遇到了什么开心的事情，内心愉悦，在这种情况下，你和对方交谈也会比较轻松和容易。单眉上扬是一种表示不理解、有疑问的动作，说明对方对你有疑惑或者是不满。

3.耸眉的暗意全解

一般情况下，耸眉的时候，眉毛停留片刻后下降，通常还伴随着嘴角迅速往下一撇，而脸上其他部位却没有什么明显的变化，这表示的是非常不愉快，而且内心充满疑惑，或者是表达一种无可奈何。另外，对方在强调自己观点的时候，也往往会出现这种动作，目的是让你赞同他的观点。

4.解读闪眉的寓意

闪眉是指眉毛闪动，眉毛先上扬，然后在瞬间下降，这表达的是一种友好和善意。一般情况下，当一对情人相见时，会出现这种动作，而且常会伴随着仰头微笑或者拥抱。当人在说话的时候，闪眉是为了加强语气。每强调一个字，眉毛就会扬起并瞬间落下，这是在表示："你最好记住我所说的每一个字"。

5.留心眉毛抬高

眉毛抬高分为眉毛完全抬高和眉毛半抬高两种情况。眉毛完全抬高是表示难以置信，当刚接触一件不可思议的事情时，我们往往会有这种眉毛表情；眉毛半抬高表示"大吃一惊"，和完全抬高有相似之处，只是程度不太一样。

第7章　肢体语言，小动作暗含大道理

当有些人心中有秘密的时候，往往会在语言上处处谨慎，甚至闭口不言；在动作上，会谨小慎微，有时甚至一动不动，但是他们的秘密往往容易暴露；相反，有些人心中坦荡，侃侃而谈，率性而为，人们却往往猜不透他们的心。为什么会出现前后两种情形呢？因为前者的肢体语言已经出卖了他们的真心。那么，如何才能读懂肢体语言呢？请看本章节的详细介绍。

看看对方是怎样握手的

在生活中，有些时候，你的心中可能隐藏着重要秘密，虽然你守口如瓶，但是你手部的动作可能会露出破绽，因为别人很有可能通过你的手部动作来发现你隐蔽的内心。

韩敏是高三（3）班的班长，平时学习非常刻苦，成绩优秀，无论在生活上还是在学习上，对班里的同学都比较热心，因此，她很受同学们的欢迎。

章强也是这个班的学生，学习成绩也很优秀，考试的成绩榜上，班里的前两名长期被他和韩敏占据。但是他们并没有互相嫉妒，而是互相敬佩。平时，在下晚自习后，他们都同时学到熄灯才回寝室睡觉。

有一次，章强和韩敏照例学到深夜，夜静静的，章强悄悄地转身向后面偷看了一眼，只见韩敏静静地坐在后面学习。

于是，他悄悄地走到韩敏身边，说道："班长，不好意思，打扰一下，能不能麻烦你帮我讲解一道数学题？"

韩敏有些吃惊，手有些发抖，因为他们之间不会向对方请教学习上的问题，这次虽然有些意外，但她还是故作镇静地说："不用客气，让我看看吧！"

韩敏一边看一边思考，章强看着韩敏发抖的小手，知道她心里很激动，因为他第一次向她请教学习上的问题。

不一会儿，韩敏思考完毕，给章强讲解这道题目的思路。

从此以后，每天晚上，当教室里只剩他们的时候，他们总会互相请教一些学习上的难题，两个人的关系也逐渐变得很融洽。

有一次，章强照例走到韩敏的桌前，悄悄地塞给了韩敏一个小纸团，韩敏翻看纸团后有些吃惊，左手有些发抖，但右手紧紧攥住手心。

在明亮的教室里，章强看清了韩敏的这些举动，心中暗喜。

韩敏将左手中的纸条还给他，说道："我……我们还很小，现在的主要任务是学习，男女朋友的关系还是不要考虑为好。"

章强看到韩敏的手部动作后，他就料到会是这种结果，于是微笑着说道："好的，我会等着你！"

从此以后，两人在学习上更是互相激励，最后考上了同一所名校，在大学期间，他们正式开始了初恋。

在这个案例中，虽然韩敏嘴上拒绝了章强，但是章强从韩敏的手部动作中读出了她内心的真实情感。可以说，在生活中，手握的往往不是别的，正是隐蔽的内心。那么，如何才能从一个人的手部动作中读懂其的真实内心呢?

1.内心缺乏安全感之人总是拳头紧握

紧握着拳头的人，内心深处往往极度缺乏安全感，他们用紧握的拳头来表明他们内心的强大，以此来增加自己内心的防御意识。在与人接触和交往的时候，如果发现对方的拳头紧握，那么你首先要做的就是让对方放松下来，敞开心扉。如果急于一时，会遭到对方的激烈抵抗。

2.十指交叉之人往往是想掩饰内心的真实想法

将十指交叉，遮住一半面部，一般都是在隐藏自己的想法。做出这种动作之人往往碍于面子，不好表达心中的真实想法。这时，要想让保持这个姿势的人打开紧紧交叉的十指，就需要用某种努力来完成，否则，对方的不安和消极是无法改变的。

3.想要挑战他人时，往往将双手交叉放于胸前

将双手交叉放于胸前时，往往会让你感到身体的肌肉和力量，还能够加速血液循环，会使你内心冲动，有挑战他人的欲望；因此，将双手交叉放于胸前，会让他人感到你的威胁，以致增加别人对你的敌意，所以，在生活中要慎用这个动作。

4.说话时双手摊开，表示诚实可靠

当一个人在表达自己的想法和观点的时候，往往将双手摊开，以表达自己敞开的心，表明自己所说的是经得起任何人的质疑和推敲的。这时候，对方的内心很平静，情绪很缓和，即使你提出不相同的说法，对方也会认真听下去。在人际交往当中，如果发现对方双手摊开，那么对方说的话应该是真实的，你也可以坦诚地和对方进行沟通和交流。

5.自信之人往往将十指尖相触呈尖塔状

自信的人与人交谈时很爱摆出这种姿态。它明确显示出一个人对自己所说的话很有把握。这时候，你在和他的交流当中，就要适当地顺从他，以增强他内心的自我满足感，这样，对方会觉得你是可以继续接触和交往的，进而尊重你的想法和看法。

紧握成拳或者摊开双手，意味着什么

有些人在讲话的时候，为了能够感召大家，会将手紧握成拳；有些时候，有些人心中缺乏安全感，为了让他人畏惧自己，会将自己的拳头紧紧握住；有些时候，谈话者为了表达自己说话的诚意，会摊开双手。这些手部的动作其实都和一个人的内心世界紧密联系着。因此，在生活中，留心观察一个人的手是否紧握成拳或者摊开，对于了解其内心是很重要的。

赵丽刚和王刚结婚，由于赵丽在酒吧工作，因此，她经常晚上十一点多才回家。对此，她的丈夫有些担心。

有一次，赵丽上班结束以后，已经是晚上八点多了，正准备回家给丈夫过生日。恰巧这个时候，她的好朋友们今天一起来酒吧喝酒。于是，在众人的生拉硬扯下，她和好友们一起去喝酒，后来喝醉了，就昏昏沉沉地睡到了半夜。

当她醒来时，发现自己的手机上有丈夫十多个未接来电，她突然想起今天是丈夫的生日，于是急急忙忙地回到家中。

进屋后，赵丽发现丈夫正独自一人坐在房中拚命地抽烟，整个房间里已经被烟雾弥漫了。她连忙走进去将自己准备好的生日蛋糕拿出来，放在丈夫的面前，然后说道："我今天遇到了我的好朋友们，被她们生拉硬扯着去喝酒了，喝醉之后迷迷糊糊睡着了，到现在才醒来。"她一边说话一边无意识地摊开双手。

丈夫留意到了妻子的手部动作，他本来是要大发雷霆的，此刻却平静下来，心平气和地说道："哦，原来是这样啊，以后遇到朋友尽量少喝点酒，否则会伤身体的。"

说完，他将蛋糕打开，用刀切成了好几块。

赵丽见丈夫没有责怪自己，反而关心她，心中甚是愧疚。

于是，两个人一同度过了一个美好的夜晚。

有一次，赵丽下班之后，已经晚上十一点钟了，突然看见自己在大学时候暗恋的同学走进来了，神情沮丧。他邀请赵丽喝酒，看着同学痛苦的表情，她心生同情，没有拒绝。

她的同学一边喝酒，一边向她诉说自己的公司破产了，周围人都落井下石，还情不自禁地流下眼泪。

不知不觉中，就已经到了晚上一点多，她想到自己还要回家，于是安慰他几句就准备走。

突然，他拉着她的手说道："我知道你以前喜欢过我，你的同学告诉我的，其实我也很喜欢你，只是后来不知道为什么你那么急着结婚，否则，我们也许还会……"

赵丽感觉有些尴尬，心有些发抖，还没等他说完，急忙岔开话题："你喝多了，我还是送你回家去休息吧！"

她的同学苦笑道："我没醉，其实是你变了心，喜欢上了别人，反正我现在一无所有了，你走吧，我已经无所谓了。"

听到她的同学说到这里，她心中有些酸楚，她心里知道，她的心从来都没有变，她是为了让自己的母亲在临死前能够看到自己结婚，才那么早结婚的。于是，她反驳道："我没有变心，其实我……"

于是，两人又继续喝起酒来，直到深夜三点多，赵丽才离开。

回到家中，赵丽感到很心虚，手不自觉地插在裤兜里，低声向丈夫解释道："今天晚上加班，所以回来迟了。"

丈夫听后大发雷霆，说道："你说谎，你肯定是去见你的初恋男友了。”

赵丽不承认，于是两人的“冷战”开始了。

在这个案例中，王刚是一个细心之人，每次都能够从妻子无意识的手部动作中看出妻子是否在撒谎。因此，留心观察一个人的手是否紧握成拳或者放松摊开，对于了解其内心是很重要的。如何才能做到这一点呢?

1.握紧拳头表示很自信

一般情况下，在庄重、严肃的场合宣誓时，人们都会右手握拳、举至右侧，以此来表达自己的决心，表明自己非常有信心，并在内心自我肯定。因此，你在和别人接触和交往的时候，如果发现对方在不断地紧握拳头，那么说明对方在不断地加强自我肯定，希望你在和他的接触中更加注重和在乎他的感受。

2.总是紧握拳头往往缺乏安全感

总是紧握着拳头的人，可能是缺乏安全感，想以此来增加自己内心的防御意识。事实上，他们并不是要攻击别人，而是用紧握的拳头来表达自己紧紧收缩的心。在与人接触和交往的时候，如果发现对方的拳头紧握，就不要过于强势，否则会遭到对方的激烈抵抗。这时候你首先要做的就是让对方放松下来，敞开心扉。

3.说话时双手摊开，表示诚实可靠

当人们开始说心里话时，总是喜欢将双手摊开显示给对方。这一举止往往是无意识的，是一个人内心的真实想法，此外，将双手摊开往往能够将真实的内心表达出来。

4.双手隐藏着的人往往是在撒谎

双手隐藏着的人往往惧怕别人发现自己的秘密，于是处处小心谨慎，甚至连手都隐藏起来，比如，小孩子在撒谎或隐瞒事实时总喜欢将手藏在背后；彻夜未归的丈夫不愿对妻子说出他的去处和实情时，常常将手插在衣兜里或两臂相抱将手掌藏起来，而妻子则可从丈夫的这一举动感觉到丈夫在欺瞒她。

塔尖状手势说明了什么

有些人身处领导地位后，为了展现自己的权威，他们往往会将指尖相触成塔尖状。当人们心中畏惧时，为了向他人展示出自己的反抗或者自信，他们也会将十指尖相触成塔尖状。在生活中，将十指尖相触成塔尖状，往往显示一种心理优势。

王婷是一家公司的新进员工，毕业于名校，工作很有激情；而刘杰是一个来公司很多年的老员工，工作较稳，很少出差错。

最近，公司里刚好有一个经理退休了，由于王婷是名校毕业，而刘杰的工作较稳，因此，他们就成了经理的候选人，同时也是竞争对手。

在竞聘经理的那天，会场上有不少领导和同事。

轮到王婷的时候，演讲之前，她做了一个手部动作，十指尖相触成塔尖状，然后说道："尊敬的各位领导及同事们，大家早上好！由于我刚大学毕业，社会经验不足，对公司的制度也不太熟悉，因此，工作业绩不是很理想，望大家见谅！但是我有较强的自学能力，我在大学期间自学了公司人力资源管理学，而且通过了全国资格考试……"

总之，王婷在讲话过程中，重点介绍了她在学校取得的优异成绩，会场上，很多领导和同事听后，纷纷投来羡慕的眼神。

轮到刘杰的时候，他步履蹒跚，手有些发抖，在演讲前，他偷偷地瞥了王婷一眼，恰好看到王婷正用十指尖相触成塔尖状，并且眼睛盯着他，他越发紧张了，身体有些发抖了，说话也吞吞吐吐的，且逻辑混乱。

于是，在众目睽睽之下，刘杰尴尬地走下了台。

很多领导和同事都很纳闷：平时刘杰的情绪较稳定，为什么一到关键时刻就变了样呢？

几天后，竞聘结果公布了，王婷被选为经理。

在这个案例中，王婷本是一个刚踏入社会的大学生，虽然缺乏工作经验，但很有激情；而刘杰是一个工作经验丰富的老员工，为什么他最后败了呢？原因是王婷塔尖状的手势对对方进行了心理暗示，最终获得了心理优势，从而毫不费力地将对手打败。将十指尖相触成塔尖状，往往会让人形成一种心理优势。如何才能做到这一点呢？

1.当人们自信的时候

当一个人足够自信时，便会做出塔尖状的手势。因此，与人交谈时摆出这种姿态能显示出一个人对自己所说的话很有把握。地位高的人对普通人说话或者是领导对下属说话，或讲述一个问题时，常常做出十指尖相触成塔尖状的姿态，表明说话者对自己所说的绝对自信。因此，想要向他人展示自己的自信，不妨将十指尖相触成塔尖状。

2.当人们自喜的时候

当人们自喜的时候，兴奋之情难以言表，往往会不自觉地将十指尖相触成塔尖状，这样，在生理上，能舒缓血液，驱走疲劳；在心理上，可以将心中的兴奋之情最大限度地表达出来。

3.当人们有权威的时候

有权威之人喜欢在自己的下属面前装出一副独断或者高傲的神情，

因而会将十指尖相触成塔尖状，这样一方面能够突出自己的位高权重，另一方面能在心理上获得极大的优势，让下属心生敬畏。

4.当人们自负的时候

当人们自负的时候，心中往往有一种较强的心理优越感，当这种优越感难以用言语来表达时，人们会采用肢体语言来辅助表达，如用十指尖相触成塔尖状来表达自己的自负。

5.当人们自豪的时候

当人们自豪的时候，会有一种异常的优越感，同时心中往往有一种难以言表的感情冲动，这个时候，就需要一种肢体语言来表达自己的感情冲动。此时，人们往往会有意或无意地用十指尖相触成塔尖状来表达心中情感。

十指交叉的动作并没有那么简单

陈立刚和汪梅结婚，由于陈立是一家公司的业务员，因此经常和客户喝酒到深夜才回家，对此，妻子也能理解。

有一次，陈立下班准备回家，突然总监打电话让他到某酒吧陪她去喝酒，陈立一听以为是总监请客户喝酒，然后让自己去陪喝，便答应了。

来到酒吧后，陈立发现只有总监一人，并没有客户，他有些诧异，向总监问道："王总，客户是不是还没有来？"

总监摇摇头，微笑着说："难道除了陪客户喝酒，你就不能陪我喝酒？"

听总监这么一说，陈立有些尴尬，说道："能陪总监喝酒是我的荣幸，以后还希望总监多多指教。”

总监说道：“好，那你今天得陪我多喝几杯。”

陈立不好推辞，但是心中有些不满，因为喝酒伤身体，平时陪客户喝酒是迫不得已，他一边十指交叉，一边勉强坐下来。

最终，在王总的陪同下，陈立喝到深夜才回家。

回到家中，妻子汪梅问道：“你怎么回来得这么晚呢？”

陈立感觉很不自然，不自觉地十指交叉，说道：“我陪客户喝酒去了。”

妻子看他的手部很不自然，追问道：“哪个客户？叫什么名字？你能把他的电话号码给我吗？”

见妻子追问，陈立感觉隐瞒不住，于是说了实情。

听陈立说完后，汪梅并没生气，反而得意地说道：“其实你不会撒谎，因为你的手部动作暴露了你的真心。”

在这个案例中，陈立十指交叉这个动作暴露了他内心的真实情感，当他第一次做这个动作的时候，暴露了他心中的不满；当他第二次做这个动作的时候，暴露了他想掩饰自己内心情感。要记住，十指交叉的动作并没有那么简单。那么，如何才能正确解读呢？

1.当人们想掩饰自己的内心情感时

当人们想掩饰自己的情感时，往往会感到内心局促不安，想极力用身体的某个部位遮住自己的内心，这个时候会无意识地采用十指交叉这个动作。在一定程度上，这个动作可以使行为者感觉有一层保护膜。

2.当人们有对抗情绪时

当人们有对抗情绪又难以用言语直截了当地说出来时，常常会采取一些暗示性动作，而十指交叉往往展示给别人一种有力量和想搏斗的意思。因此，当人们有对抗情绪时，也会十指交叉。

3.当人们对对方说的东西不感兴趣时

当人们对对方说的东西不感兴趣时，会采取一些暗示性动作来暗示对方转换话题或者结束谈话，而将十指交叉往往传达着一种态度不认真、对谈话内容不感兴趣的意思。因此，当人们对对方说的东西不感兴趣时，往往会将十指交叉。

4.当人们感到焦虑的时候

当人们感到焦虑的时候，内心会有一些难以用语言表达的郁结之气，这些气压抑在心中往往令人们感到难受，需要及时发泄出来，这个时候人们就需要用辅助动作来完成，比如在有意或无意中十指交叉。

5.当人们感到无助的时候

当人们感到无助的时候，急需获得别人的帮助，这种焦急之情一般很难用言语来表达，这时人们往往会以两手相扭且十指交叉来表达这个意愿，两手相扭表达着一种无助茫然的情感，而十指交叉也传达着一种无助的情感。

抱双臂在胸的人是在隐藏或者防御吗

人与人站立的姿势大都是不一样的，有些人喜欢双手交叉抱于胸前，两脚平行站立。有些时候，这些人是在隐藏，有些时候这些人是在防御。但是从总体上来说，这种人的叛逆性很强，易忽视他人的存在，大多自负、自大，也因此具有强烈的挑战和攻击意识。

王强是一个身材高大但内心胆小的人，他的儿子已经十岁了，胆子却异常大，常常在外面惹是生非，为此，王强很苦恼。

有一天，王强发现儿子不见了，于是到处去找，忽然发现儿子正在别人的轿车顶上玩游戏，弄得别人的轿车上有很多脚印，王强心中很恼怒，但他更担心车主找麻烦，于是四下看了看，幸好没有人发现，他赶紧抱起儿子就跑。

正在这个时候，车主出现了，他发现自己的车上被人踩了很多脚印，正好又看见王强正抱着孩子在跑，便明白了一切。他连忙追上去，追到王强跟前，说道："踩坏了我的车就想溜走啊，没门，赶快赔钱！"

王强心中焦急，在自己的兜里摸了半天，没有摸到一分钱，于是他习惯性地将双臂抱在胸前，车主看见他这架势心中有些害怕，于是赶紧和和气气地说道："唉，算了，没有钱没关系，反正是小孩子闹着玩的。"

听到这儿，王强悬着的心终于落地了，说道："谢谢你，真是对不起！"

车主头也没敢回就跑回车里了。

在这个案例中，王强在无奈之下，习惯性地将双臂抱在胸前，于是吓退了对方，从而成功地躲过了对方的纠缠。在生活中，抱双臂在胸的人往往会让对方觉他是在隐藏或者防御。那么，如何才能读懂抱双臂在胸的人的内心情感呢？

1.争强好斗之人

争强好斗之人往往随时准备和别人发生肉搏或者言语上的争吵，于是他们会在无意识中将自己的双臂抱于胸前，表明已作好争斗的准备。同时，这种人也会令对方畏惧。

2.企图隐藏内心情感之人

企图隐藏内心情感之人往往惧怕别人会通过自己的言行举动来看穿自己的内心，于是会抱双臂于胸前，一方面是为了掩饰自己的内心，另一方面是为了做出一副不喜欢对方的姿态，以吓退对方。

3.具有较强自我保护意识的人

具有较强自我保护意识的人，往往喜欢将他人拒之门外，给人一种难以接近的感觉，面对不熟识的人的时候，他们会抱双臂于胸前，因为一方面可以给人一种难以靠近的感觉，另一方面可以给自己多一分安全感。

4.很自负的人

当人们自负的时候，心中往往有一种较强的心理优越感，当这种优越感难以用言语表达时，人们会采用肢体语言来辅助表达，而将双手抱于胸前能够让人有一种莫名的优越感。

5.不喜欢与人交流之人

在生活中，往往有一些人喜欢独来独往，不喜欢与人交流。当别人和他交往的时候，他们往往会有一种想拒他人于门外的心理，于是抱双臂在胸，以警示他人不要接近。

手摸下巴或鼻子时说的话可信吗

有些人在和别人交流的时候，喜欢不自觉地用手摸下巴或者鼻子，他们往往一边说话一边思考，好像在编故事。这个时候，他们说的话是不可信的，因为真话是不需要极力去思考的，而编假话才需要时间去思考。因此，在生活中，一个人手摸下巴或鼻子时说的话往往不可信。

刘刚是一名初二学生，他学习成绩优秀，常常获得“三好学生”称号，因此，多次受到老师的表扬，赢得了很多老师和同学的信任。

有一次，因为前一天晚上刘刚父母跟邻居吵架了，弄得他很晚才睡着，所以第二天早上起床便迟到了。起床后，他连脸都顾不得洗就匆匆忙忙地跑向了学校。

跑到教室门口，老师有些生气，问道：“怎么起得这么晚？昨天晚上干什么去了？”

刘刚不好意思把父母和邻居吵架的事情说出来，他不时用手摸着下巴和鼻子，然后说道：“我昨天晚上肚子疼，直到深夜才睡着。”

听了刘刚的理由后，同学们都替他松了一口气，以为就此过关了，因为他们知道刘刚是一个学习成绩优秀并且从不旷课的好学生。

不料，老师严肃起来了，厉声问道：“昨天晚上究竟干什么去了？不许撒谎！”

刘刚听后，心中有些紧张，但是暗暗猜想老师应该是在诈自己，于是一边用手摸着下巴，一边说道：“昨晚我的确肚子疼。”

老师听后，更加生气了，说道：“你再撒谎，今年的三好学生就没有你的份了，‘三好学生’的称号可不能给爱撒谎的学生。”

刘刚连忙承认道：“昨天晚上我的爸爸妈妈和邻居吵架，直到深夜我才睡着，所以早上我迟到了。”

听完后，老师微笑道：“这才是好学生嘛。”

老师接着说道：“不要以为一个不经常撒谎的人突然撒谎我就会信，其实我早就看出刘刚是在撒谎，因为他的手部动作暴露了他的内心。”

在这个案例中，刘刚不是一个经常撒谎的人，所以当他第一次撒谎的时候，他的手无意识地摸下巴和鼻子，从而暴露了他内心的真实情感。因此，在生活中，对方手摸下巴或鼻子时说的话往往不可信。那么，如何才能识别这些动作呢?

1.在思考的时候

当一个人陷入沉思时，他往往会无意识地去抚摸下巴。比如，如果你是一个销售人员，你的客户在听了你的话以后，做出了摸着下巴不说话的动作，就表明你说中了他的需求，他已经有所心动，开始在心里评估、判断和过滤你所说的话了。这时，你可以放缓语速，重申刚才所说的重点或者干脆闭上嘴巴，只在适当时候用少量的语言点拨一下，以给对方足够多的时间思考和作出决定。

2.在说谎的时候

一般情况下，当一个人说话的时候，良心会对自己有一个正确或者错误的判定。当所说的话属实的时候，内心会很轻松，举手投足会很正常。相反，当一个人说谎的时候，内心会很紧张，那么就会想办法去掩饰这种紧张，会无意识地出现用手抚摸下巴的动作。因此，在人际交往当中，如果你发现别人在摸下巴，那么对他说的话就要有所警惕了。

3.在反对他人的时候

生活中，当你不同意别人的想法和做法的时候，往往会反对。这时候人的思想比较严谨，内心有强烈的批判意识，会想办法去说服对方，于是用手去摸下巴。如果在谈话时你对面的人对你做出了这个动作，那么你要注意了，你所说的话并没有被对方接受，你需改变相应的策略。

4.在感兴趣的时候

通常，我们会发现，当你对某件东西或者是对对方所说的话十分感兴趣时，注意力会格外集中，不经意间就会出现托下巴的动作。如果你和某个人是初次见面，对方时不时地托下巴，而且眼睛发亮、面带笑容，那么说明对方对你十分有好感，对你很感兴趣，有继续和你接触并且交往的意愿。

5.在尴尬的时候

当与他人话不投机或内心颇感尴尬时，人们也多会用手去触摸下巴，通过这个动作来给自己的情绪找个出口。这正如案例中的刘刚，当老师明确指出他在说谎之后，由于他感到很尴尬，于是不自觉地用手触摸下巴。

腿脚是表露内心的晴雨表

在生活中，有些人往往不善言谈，并且喜欢保守自己的秘密，他们会不露声色地静坐着，但是有些时候他们的腿脚暴露了他们内心的秘密；相反，有些人喜欢滔滔不绝地说个不停，但是我们往往看不透他们的真实内心。为什么会出现如此大的差别呢？其实，有些时候，腿脚更能够将内心的真实情感暴露出来。可以说，忠诚的腿脚也是表露内心的晴雨表。

方贵和田枫在大学期间住在同一个寝室，平时两人既喜欢一起学习和锻炼，又喜欢因小事儿争吵，经常在斗争中团结、在团结中斗争。

有一次，班委会决定在班里举办一次辩论赛，辩论赛的主题是：大学生在校期间创业是不是比学习更重要？方贵和田枫同时报了名，而且被分在同一个组，方贵是正方，田枫是反方。

在辩论赛的当天，轮到方贵和田枫上场的时候，他们俩向大家问好以后，辩论就开始了。

方贵说道："我方认为，大学生在校期间，创业比学习更重要。"

说完，他精神抖擞，双腿站得笔直，心中暗想：这次肯定会胜，因为我上大学以来就在创业，我比他更了解创业。

他接着说道，“我方的理由如下：第一，在校期间创业可以增加我们的实践知识，使我们不局限在课本上；第二，在校期间创业可以增加我们的日常收入，这样可以减轻家里的经济负担；第三，在校期间创业可以为我们以后毕业找工作或者创业打下坚实的基础。”

方贵说完，田枫忍不住笑了，心中暗想：你大学期间创业全是亏本生意，还好意思拿出来说，让我来揭穿你的老底。

于是，他双腿不由自主地抖动起来，高兴地说道：“我方认为，在大学期间，学习比创业更重要；刚才正方阐述的有些理由表面上看很正确，其实是站不住脚的。首先，正方在第一点中所说的大学生在校期间创业可以使我们不局限在课本上，这句话是有问题的。请问，正方上学期挂了多少门课？你把课本知识全部掌握了没有？其次，对于正方所说的第二点——在校期间创业可以增加我们的日常收入，减轻家里的负担——我想请问正方创业赚了多少钱？你是不是因创业亏本而把家里的钱也赔进去了？最后，你认为仅凭你那几次赔本的创业经历和挂了很多门课的学习状况，能对你以后找工作有多大的帮助？”

方贵一边听，一边双腿发麻，还不时发抖，因为田枫说的句句都是在他的伤口上撒盐。

双腿的抖动让方贵全身越发紧张，颤颤巍巍地说：“反方是在搞人身攻击！”

田枫看见方贵的双腿在发抖，就知道胜利即将来临，于是加紧追问：“请问正方，你自己创业失败了，赔了很多钱，然后又在这里鼓动其他同学跟你一样创业，你都想让大家也亏本赔钱吗？是不是这样你就高兴了？”

方贵一听，双腿全软了，一下子就瘫在地上了。

田枫看见方贵紧张成这样，心中乐了，连忙走过去扶起方贵说道："你怎么吓成这样？这只是普通的辩论赛而已嘛，不要当真。"

在这个案例中，方贵的腿脚暴露出了他心中的真实情感，虽然后来他极力争辩，但是对方已从他发抖的腿脚中看出他只是强弩之末了，在对方的加紧追问下，他被击败了。可以说，忠诚的腿脚也是表露内心的晴雨表。那么，如何才能读懂它呢？

1.双腿发抖时

当一个人心里紧张的时候，他的双腿往往会不自觉地发抖，因为心里紧张的时候人的大脑会被自身分泌的激素所麻痹，从而导致双腿不自觉地发抖。因此，当一个人双腿发抖之时，表明他的内心无比紧张。

2.双腿交叉时

当一个人将双腿交叉时，表明他是一个傲慢之人，他往往看不起身边的人或事物，觉得自己要高人一等，但是这种情感又没法用语言来形容，因此，他将双腿交叉放置，这样就可以获得一种优越感。

3.不停晃动双腿时

当一个人不停地晃动双腿时，有可能是因为事情没有按照自己的预想发展而失望，或者因为还有别的会面而希望尽快结束当下的谈话。于是，受到心理活动的影响，人会下意识地晃动下双腿。因此，在生活中，不停晃动双腿的人，往往对发生的事情不感兴趣。

4.双腿僵直不动之人

双腿僵直不动之人，内心比较谨慎，他们无论在语言上还是在行为上都规规矩矩，生怕出什么乱子。即使没有人的时候，他们的腿也习惯于僵直不动。因此，双腿僵直不动之人往往内心比较谨慎。

第8章　看人说话，言谈话语中暴露的个性心理

在生活中，面对同一个话题，有些人喜欢夸夸其谈、长篇大论，这些人往往喜欢表现自己，很自负；有些人则侃侃而谈，有针对性、有重点地谈，这些人往往心态平和、沉着稳重。其实，前后两者说话的方式已经暴露了他们的内心世界。那么，面对生活中说话方式多种多样的人，我们该如何从他们的说话方式中看穿他们的内心呢？语速的快慢急缓是对方内心的写照。

语速的快慢急缓是对方内心的写照

生活中，有些人性情急躁，说话的速度往往很快，很想把内心的话语一下子全部表达出来；相反，有些人心态很平和，说话的语速很慢，往往喜欢用含蓄委婉的方式将话语绵绵不绝地讲出来。其实，前后两者的语速是受到了心态的影响。在生活中，我们往往能从对方语速的快慢急缓上参透对方的内心世界。

王丽是一家电子科技公司的业务员，已经在公司干了十多年，业绩突出，经常受到领导的表扬。

有一次，李经理把王丽叫到办公室里，焦急地说："这次我们公司遇到了一家刁钻的大客户，对方的要价确实很低，但是如果能够按照我们公司的统一价格标准将产品卖给客户，我们将会获利很多。"

王丽从李经理的语速上听出他心中很着急，于是，她连忙倒了一杯热水给李经理。

李经理喝了一口水后，渐渐平缓下来："因为你的销售业绩是最好

的，平时你接触的客户也最多，经验丰富，因此，经公司研究决定，派你担任公司代表和客户去谈生意，谈成之后，提成丰厚。”

王丽点头答应了。

在谈判会上，王丽说道：“贵方开出的价钱太低了，连市场的均价都达不到，况且我们公司的产品质量是一流的。”

客户代表一点也不着急，慢吞吞地说道：“你们要是不同意我们的价钱，我们可以到其他地方去订购。”

客户代表说完，王丽立刻就知道对方是想以到其他地方订购为由来威逼自己就范，于是王丽也不慌不忙地说道：“据我公司的调查部门显示，产品质量能够达到我公司标准的，并且价钱又不高于我公司产品价钱的，目前市场上还没有；如果贵方希望买回去一批廉价的次品，那就请贵方到别处去看看吧。”

说完，王丽就摆出一副要离开的架势。

客户方一听，急忙说道：“别着急走，有话好商量。”

王丽从对方的语速上判断出对方开始着急了，于是故意漫不经心地说：“那么就请贵方在这个协议书上签个字吧。”

客户只好在协议书上签字了，生意就这样谈成了。

在这个案例中，王丽是一个细心之人，她能够从对方说话的语速上判断出对方的内心真实情感，然后抓住对方的心理弱点，将对方制服，最后谈成生意。在生活中，语速的快慢急缓往往是对方内心的写照。那么，如何才能读懂这一点呢？

1.对某人心怀不满时

一般说来，如果对某人心怀不满，或者持敌对态度，许多人的说话速度会变得很慢，而且稍有木讷的感觉。因此，在生活中，当别人对你说话的语速忽然变慢的时候，你最好反思一下，回想自己有没有冒犯对方的地方，并及时地加以改正，让对方重新对你产生好感，这样才能继续接触和交往。

2.当人们心中有鬼时

如果对方说话的语速突然加快，则往往说明他心里有鬼，所以他说话的时候非常紧张，生怕内心的阴谋被你看穿。面对这样的人，一定要沉着冷静，你越冷静，对方内心越紧张，结果自然是不攻自破。所以，如果和你交谈的人突然加快了语速，对于该作的决定，你还是先缓一缓，小心驶得万年船，这个时候要避免打草惊蛇，以静制动，弄清对方的意图后再作决定。

3.当人在缺乏自信时

说起话来没完没了的人往往是缺乏自信的，他内心害怕自己被打断、害怕自己的权威被轻视，所以才会故作高深地说个没完没了。因此，在生活中，当你发现对方讲起话来没完没了时，不妨通过眼神和动作不断暗示他、鼓励他，让他更加自信一些，这样你们的交谈就会更加愉悦。

4.说话声音很小的人

说话声音很小的人，往往自信心不足，因而说出来的话底气不足，声音也很小，跟这类人交往时一定要加倍小心，因为很容易挫伤他们的自尊心！说话的时候要委婉。

声调音色是人内心情感的真实体现

在生活中，当一个人用美妙的声调和我们说话的时候，我们会感到舒服，有种心花怒放的感觉；相反，如果一个人的声调不好听，即使他说的内容再好听，也提不起我们的兴趣，甚至会让我们产生莫名的反感。

声调音色真的就是好听与否那么简单吗？其实不是，声调音色好听与否往往还和一个人的内心有关。当一个人内心愉悦的时候，他的声调音色比平常要好听，反之则反。因此，声调音色听起来往往不是好听与否那么简单。

章丹是一家公司的后勤部主任，她高兴时，会和员工们一起开心地谈天说地，就像自己不是领导一样；当她不高兴的时候，声音听起来就很难听，而且很喜欢摆领导架子。她的声音总会随着情绪的变化给人以不同的感觉。

有一年年底，公司领导考虑到章丹的工作业绩不错，于是给她很高的奖金，她心里非常高兴。

为了表现自己是一个好领导，她经常到员工食堂吃饭，听取员工们的意见，她向员工们高声说道："把你们在生活中遇到的问题告诉我，我会尽量解决的！"

于是，有些员工说道："食堂的饭菜量太少，每顿都吃不饱。"

还有些人说道："食堂服务员的态度太差了。"

她把员工们的问题记在笔记本上，然后用甜美的声音说道："我会尽快调查你们反映的问题，给你们一个交代。"

员工们听后，心中非常高兴，觉得章丹不仅人漂亮，声音也甜美。

从此，章丹在大家心中留下了一个平易近人的好印象。

有一次，章丹因为办事不力被领导批评了，她正暗自生气，恰巧有一些员工赶过来，准备向她反映食堂最近出现的一些问题。

她看见员工们走过来，心中明白是找她反映情况的，低声对他们说道："改天再说吧，你们先回去！"

正走过来的员工没有注意到章丹声音的变化，并没有回去，而是继续说道："食堂的员工最近的服务态度相当不好，动不动就骂人。"

章丹见他们没有走开，心里暗自生气，大声说道："觉得食堂不好以后就别到食堂吃，别老是抱怨，在公司干不了就别干。"

员工们这时才发觉章丹的声调既高又难听，说话的内容更是让人心里难受。

于是大家纷纷离去。

在这个案例中，章丹的声调音色与她的内心情感密切联系在一起。当她高兴的时候，她的音调非常好听；当她不高兴的时候，她的音调就非常难听。因此，在生活中，声调音色听起来往往不是好听与否那么简单。那么，如何才能读懂音调音色里面所蕴含的内心情感呢？

1.音调高的人比较自信

自信之人，无论是说话还是做事，往往都底气十足。当他们说话的时候，喜欢将心中的豪迈之气表达出来，这时他们的声调会比往常更高一些。因此，在生活中，音调高的人比较自信。

2.音调低沉之人比较稳重

稳重之人说话往往小心谨慎，而且为人处世很低调，他们喜欢每一步都走得稳稳当当，说话也不例外。他们的音调往往较为低沉，因为低沉的音调不太容易被大多数人所注意，说话的时候即使说错了，也没有人过多追究。

3.音色动听的人内心比较阳光

内心阳光之人心态比较好，能够承受住生活的打击，他们往往能够保持一个健康的发音器官，因而发出来的声音更能够打动人心。因此，在生活中，音色动听的人内心比较阳光。

4.音色晦涩之人内心紧张

当人们紧张的时候，紧张的情绪会从内心一直延续到体外，从而影响到音色；同时内心紧张之人往往不愿让他人了解自己内心的真实情感，所以用一些晦涩难懂的词语和模糊的音调来敷衍。

口头禅表明了什么

在生活中，只要你留心就会发现，每个人说话的时候都会有口头禅，人们说的各种口头禅代表着不一样的心情和性格。

汤舜是一家电脑销售公司的老板，由于公司的规模很小，业务不多，所以只招了两名员工，老板也自称经理，但是汤舜有一句口头禅——“那个啥”，这句口头禅往往让很多客户心中不快。

有一次，店里面来了一名外地客户，打算在店里购买二十多台台式电脑，由于当时汤舜在场，所以汤舜亲自接待了客户。

汤舜说道：“你看需要什么样的牌子，这里全是样机，我们这里没有的牌子，也可以低价给你运过来。”

客人在汤舜的带领下，看了好多种品牌的电脑，于是说道：“能不能简单介绍一下你这里的电脑牌子都各有什么优缺点？”

汤舜有些犯难，说道：“那个啥……那个啥，我这有说明书，你照着说明书一看不就全都知道了吗？”

于是，汤舜将说明书一一递给客户，客户看过之后，心中犹豫不决，说道：“我再考虑一下吧。”

说完转身就走了。

汤舜见客户走了很是生气，于是对员工说道："你们两个真是个木头，那个啥，刚才看见他有购买的意图时，你们怎么不多吹吹牛？"

说完，汤舜朝员工恶狠狠地说道："那个啥，你们两个赶紧给我研究说明书。"

有一次，有客户要订货，于是打了店里的座机号码，有名员工接到电话后，听客户说要找汤舜，于是赶紧去请汤舜接电话。

在电话里，汤舜说道："那个啥，你是哪位？"

客户当时本来心情很好，但是听见对方第一句没有问好，而是来了一句"那个啥"，心中顿时觉得受到了羞辱，因此，他谈生意的时候对于价钱寸步不让。

汤舜也是一个一毛不拔、寸步不让的人，以致后来生意就谈僵了。

接完电话后，汤舜生气地对两名员工说道："那个啥，以后遇到这种事情，你们要自己主动和客户谈生意，不要什么事情都等到我来做，不然，那个啥，我聘请你们来干吗？"

不久，两名员工都辞职了。

在这个案例中，汤舜是一个口头禅极重的人，但是他自己并没有发现。他因为自己的口头禅将客人惹恼，反而怪罪员工，导致员工全部辞职。在生活中，口头禅人人都会有。那么，如何才能识别口头禅进而读懂爱说某种口头禅的人的内心呢？

1.说话时，常带"我要……""我想……""我不知道……"

在与别人交谈中，如果你发现对方说话的时候总是带着"我要……""我想……"或者是"我不知道……"，那么这个人基本上没什么主见，而且思想比较单纯，爱意气用事。因此，你要控制好交谈的主动权，如果有可能，尽量用强势的气场将对方征服，让对方顺着你的思路去思考。

2.说话时，常带“我应该……”“你不能……”“你必须……”

在和说话带这些口头语的人交谈的时候，常常会让你觉得受到遏制和压迫，因为这样的人往往非常强势，非常自信。你和他们交谈时，在不违背原则的情况下，尽量顺从他们，按照他们的意愿来，千万不要和他们有对立的情绪，更不能顶撞他们，否则，对方将会将你当作敌人。

3.说话时，常带“我个人的想法是……”“是不是……”“能不能……”

在和别人交谈的时候，时不时地带有“我个人的想法是……”“是不是……”或者是“能不能……”等口头语的人一般脾气都比较好，也很有修养。所以，如果你遇到这样的人，就会感到很受尊重，交流起来也很轻松，不会有太多的心理压力。当然，你也要认真地对待，尊重对方。

4.说话时，常带“我早就知道了……”

不管你说什么，对方总是一副不屑一顾的样子，时不时地说“我早就知道了……”这样的人很难做一个耐心的倾听者，所以生活中没有多少真正的朋友。面对这样的人，你需要做一个听众，让对方的表达欲得到满足。只要让对方舒心了，他对你的印象肯定好，那么接下来的相处便会容易得多。

5.说话时，常带网络中流行的词汇

总是喜欢说网络流行语的人，往往没有独特的个性和主见，很浮夸。所以，如果你发现对方是这样的人，那么你只须天南海北地和对方胡侃乱谈，只要和对方说的话多了，对方自然会把你当成一位兴趣相投的朋友。

你注意到他是怎么回答问题的吗

在生活中，通过一个人回答问题的方式判断一个人的个性、品位、素质，是识人必不可少的环节。有的人夸夸其谈、喋喋不休，想尽量展示自己的才能，让人听得昏昏欲睡，不知所云；而有的人则迅速、简洁地回答了问题，让提问者满意。因此，对于提问者来说，不仅可以从对方的谈话主题来识其人，还可从他的谈吐方式来识其人。

王明是一所大学的心理学教授，他不仅喜欢教心理学，还喜欢将心理学应用于现实生活。

有一次，好几家大型企业来学校招人，但是又不知道学生的底细，于是想请学校推荐人才。面对学校里的众多英才，学校一时也想不到好的办法，这个时候，王明主动请缨，他想用心理学来发掘学生的内在潜力，以便为企业挑选到合适的人才。

在选聘会上，王明出了一道题目：当你过马路的时候，绿灯即将变红，你却发现旁边不远处有一个钱包，你会怎么办？

不一会儿，有一位同学说道："我会继续走我的路，因为掉在路上的钱包往往是骗子设下的陷阱。"

他说完后，王明点头示意他坐下。

又一位同学站起来说道："我会跑过去将钱包捡起来，如果交通灯变红了，我会站在原地不动，等交通灯变绿了，我再穿过马路，然后将钱包交给警察叔叔。"

第三位同学说："我会继续走我的路，走过去之后，我会将此事告诉警察叔叔。"

……

等同学们回答完毕，王明心中已经有了想法，他给学校写了一份报告，认真分析了各类学生的性格特点。

在报告中，关于学生的性格方面的描述，他是这样写的：对于第一个同学，根据他回答问题的方式，我们可以看出，他是一位小心谨慎的人，适合在机要科工作，保管一些保密性文件；对于第二个同学，他是遇事沉着冷静，办事稳重之人，可担重任；第三个同学，适合处理后勤方面的工作。

后来，学校批准了王明的报告。

在这个案例中，王明根据同学们对同一个问题回答方式的不同，判断出每个人的性格，从而轻松地为学校解决了挑选人才的难题。在生活中，我们也可以根据一个人对问题的回答方式来读懂他的内心真实情感。那么，如何才能做到这一点呢？

1.直爽简明型

与人沟通的时候，说话直爽简明的人，往往心直口快，想到什么说什么，不会有太多顾忌。这样的人多半性格豪爽，不会拐弯抹角，内心也没有太深的城府。这样的人做事热情，对朋友仗义豪爽，不会斤斤计较，心胸很开阔，和这样的人交往相对要容易一些。

2.婉转含蓄型

含蓄委婉的人一般考虑的东西比较多，每说一句话都要斟酌如何把话说得委婉一些，如何让别人领会自己的意思，而又不伤害别人。这样的人感情非常细腻，但也敏感多疑。他们一般不会把自己内心的真实想法告诉朋友，特别在意别人对自己的看法，说话前会不断权衡，懂得怎样拿捏分寸。

3.幽默风趣型

我们发现，生活中还有一种人，他们一说话便能把大家逗乐，总能给枯燥的生活带来一些乐趣。这样的人往往蕴含着智慧和幽默，他们通常社交能力很强，身边朋友也很多。他们往往会成为人群中的焦点，有他们在，就能够避免冷场的尴尬，起到调节气氛的作用。和这样的人交往，你会感觉非常开心、非常快乐。

4.一板一眼型

说话一板一眼的人往往性格比较保守，他们做事情多循规蹈矩、按部就班。这样的人谨小慎微，稍显内向，他们不会乱开玩笑，说话极有分寸，该说的就说，不该说的绝对不说。和他们相处，你会觉得非常闷，这就要求你有充足的谈话主题，积极地与他们沟通和交流。但是要注意一点，不要说过于出格的话，以免引起对方的反感。

5.口若悬河型

说起话来口若悬河、滔滔不绝的人往往性格比较外向，他们绝不是那种说话不经过大脑的人，相反，他们心思缜密，但是很健谈。他们有着丰富的阅历，能跟各种性格的人很好地相处。和这样的人相处时，你要把持住自己的嘴巴，不要被对方驱使，一个劲儿地掏心窝子。

寒暄客套，其实有着深层次的意义

在生活中，面对好友或者熟人，有些人会认为，既然彼此之间都这么熟悉了，便无须寒暄客套的开端，所以总是直接进入主题，然而，时间越久，这些人感觉自己和朋友们的关系越生疏；相反，有些人无论是遇见朋友还是陌生人，都要寒暄客套一番，这些人的人际关系往往越来越广，和朋友之间的友谊也越来越深。由此可见，在生活中，寒暄客套并不是没有实际的意义。

寒暄和客套能表达你的礼让和谦虚。生活中，有些情感必须得表达，但是并不是每个人都适合随时随地地表达，这时寒暄和客套恰恰能帮助你解决难题。所以，适当的时候说些寒暄和客套的话，既能表达你对对方的情意，又不至于让别人觉得你过于直接、随便。

李明是一家公司的人力资源部经理，在公司里还有他的两个同学，一个是曹雄，这个人对人热情，无论跟谁见面，都喜欢寒暄客套一番；另一个是王刚，这个人表面上很冷淡，但内心很热情，总喜欢在暗中帮助他人。

有一次，公司有一个部门的经理退休了，于是出现了职位空缺，正好李明的同学曹雄和王刚同时被公司领导选为候选人，公司领导让李明推荐一个人当经理。

两个人都是李明的同学，他一时难以抉择。回到家中，他无意中跟妻子说起了此事，妻子告诉他："你看谁平时对你热情一些，你就推荐谁。"

李明有些不高兴，严肃地说道："怎么能这样呢？我是为公司选人才，又不是为自己选服务员。"

妻子说道："对你热情一点的人，说明他对你好，他当上经理之后或许还可以和你互相帮助一下，我又没有让你去徇私舞弊，反正领导把决定权交给你了。"

李明想着：公司需要的是一个能为企业创造价值的人，我如果为了自己的生存而给公司带来损失，那么我还有什么脸面在公司待下去呢？再说，公司遭受了损失，我也会跟着倒霉。

可是，他还是拿不定主意到底推荐谁。因为他知道，尽管曹雄对他总是寒暄客套，但没有多少真情实意，然而他不得不承认，他喜欢和曹雄交往。而王刚虽说待人真诚，但总是实话实说，他并不喜欢他。

经过一番思考，李明最终推荐了曹雄。他觉得曹雄更加适合这个岗位。

在这个案例中，在同等情况下，李明推荐了对自己热情的曹雄担任经理一职。由此可见，在生活中，寒暄客套并不是没有实际的意义。在关键时刻，这些寒暄和客套往往能表达一些彼此之间的谦虚和礼让，让彼此感受到那份温情。那么，如何才能恰到好处地寒暄客套呢？

1.对无关紧要的人

在和无关紧要的人交往的时候，并不需要说客套话。这个时候，如果你过分客套，反而显得你很虚伪，或者地位卑微，喜欢阿谀奉承。这样，会给对方留下不好的印象，继而影响彼此之间的交往和接触。因此，在这种情况下，即使要说客套话，也要适度，不要过分客套。

2.对你的好朋友

对于平常的好友，在见面的时候，要客套一些，但是不要过分客套，否则会让对方觉得你是在故意拉远双方的距离。但是一些基本的寒暄客套是必不可少的，一方面，这会让人感觉到双方友谊很有趣，不乏味；另一方面，让对方知道你很敬重他。所以，平日里和好朋友见面聚会的时候，要拿捏好分寸，客套的话不要说太多，也不要不说。

3.对你的家人

面对自己的家人，天天低头不见抬头见，寒暄客套是不可缺少的。古时候，夫妻之间就有过“举案齐眉，相敬如宾”的佳话，现代也不例外。家人之间互相尊敬，往往能够让亲情长久，让每一个家庭成员都感觉到自己是被关心的。

4.对你的亲戚

面对你的亲戚，必要的寒暄客套也是不可缺少的。亲戚之间的寒暄客套一方面可以加深亲戚之间的感情；另一方面，可以让亲戚之间的情感细水长流。但是寒暄客套要把握好度，过犹不及，否则会让人觉得你很虚伪。

5.对不喜欢你的人

生活中，并不是每个人对你都这么友好，有的人喜欢你，有的人不喜欢你。那些不喜欢你的人，往往会给你穿“小鞋”，给你使绊子，让你难堪。对于他们，会觉得完全不用搭理。但是世上没有永远的朋友，也没有永远的敌人。所以，跟他们打招呼的时候，也要客气一点。

如何解读他人的幽默话语

在生活中，幽默之人，往往能够缓和气氛，消除尴尬，同时也增添了大家生活中的乐趣；相反，一个说话空洞乏味的人，则会让谈话的氛围变得严肃、压抑，让生活变得单调无味。因此，幽默在生活中非常重要。生活中的幽默有千百种，需要你去慢慢解读。

李强相貌平平，今年26岁了，已经到了结婚的年龄。在父母的介绍下，李强认识了赵雪，他们认识后，互相都有好感，感情与日俱增。

一天，赵雪参加同学聚会，在全班同学的强烈要求下，赵雪同意带李强和她的同学见面。在同学会上，人群纷杂，有刁钻的，有说话古怪的等。

李强跟赵雪的同学相互认识之后，在赵雪的身旁坐下，然后同学们开始调侃起来。

有一个平时最挑剔的同学问："你今年多大了？"

李强答："26岁了。"

那个同学继续说："骗人的吧？我看你样子很老，应该30了吧？"

李强辩解道："不是我年龄大，是我长得成熟一些。"

另外，有个同学又插嘴道："不要说成熟，其实是长得寒碜一些吧？"

李强尴尬地笑而不语。

其他同学看那两位同学获胜了，便变本加厉，继续追问道："我听说鲜花插在牛粪上，但是要说鲜花插在你的身上，打死我也不信。"

赵雪见情形不妙，赶紧接口道："鲜花也需要牛粪的营养，没有了牛粪，再美的鲜花也会枯死的。"

赵雪说完后，同学们都鸦雀无声了，接着便哄堂大笑。

之后，赵雪的同学们再也不用那些刁钻的问题来刁难李强了。

在这个案例中，赵雪是一个聪敏机灵的女孩，看到众位同学刁难男友，她巧用幽默帮助男友化解了尴尬，同时缓和了现场的氛围。由此可见，在生活中，善于巧用幽默是很重要的。那么，如何才能读懂善用幽默之人的内心呢？

1.善用幽默打破僵局的人

在生活中，很多人在谈话陷入僵局之后，会巧妙地用幽默来缓解气氛，打破僵局。这样的人处理事情的能力往往很强，他们反应迅速，能随机应变，总能制造欢乐，逗大家开心。这样的人往往能够给别人留下好印象，容易成为受人关注的对象。

2.善用幽默来挖苦别人的人

除了用幽默来缓解气氛、打破僵局的人之外，生活中还有另一种人，他们常常用幽默的方式来挖苦别人。这样的人心胸比较狭窄，有强烈的嫉妒心理，有时甚至做一些落井下石的事情，他们的语言往往很恶毒，让别人受不了。他们擅长挖苦和嘲讽他人，整天盘算他人，自己却从未真正地开心过。

3.善用幽默自我解嘲的人

我们常常听到身边有很多人都喜欢说幽默的话，他们的幽默对象往往以自己为主，不断地嘲笑自己。这样的人心胸比较宽阔，能够接受他人的意见和建议，而且能够经常地反省自己，进行自我批评，寻找自身的错误进行改正。他们这种气质，很容易让人产生敬佩之情，从而为自己带来比较好的人际关系。

4.善用幽默嘲笑讽刺的人

在生活中，也有人善用幽默的方式嘲笑、讽刺他人。这一类型的人给人的第一印象往往是相当机智、风趣，对任何事物都有细致入微的观察，能够关心和体谅他人。这样的人为人处世非常小心谨慎，思维比一般人要机警敏捷。和这样的人交往，你会感觉到很自卑，从而在不经意间被他们控制。

5.善用幽默搞笑的人

在生活中，喜欢用幽默搞笑的人大多活泼开朗、热情大方，活得很轻松，即使有压力，自己也会想办法缓解。他们在言谈举止等各方面都表现得相当自然和随便，不喜欢受拘束。他们比较开朗，爱和人开玩笑，他们在这个过程中自我娱乐，同时也希望将这份快乐带给他人。

下 篇

有效沟通，把优势攥在手中

第9章　消除心理戒备，打开对方心扉

在生活中，无论是初次见面的陌生人，还是分别多年而又重逢的朋友，在见面之时互相都难免有心理戒备。对此情景，有些人在心里环环戒备、处处设防，对方也会被他所感染，同样时时戒备着，于是双方的心越来越远；相反，有些人会用一个善意的微笑、一句真诚的问候、一个亲切的握手、一个热烈的拥抱来消除心理戒备，打开对方心扉。前后两者的处事方式截然不同，最后结果也有着天壤之别。我们如何做到像后者一样呢？你将在本章节的内容中找到答案。

言语间暗示他人你并无敌意

生活中，由于人与人之间存在距离，无法确定彼此究竟是朋友还是敌人，因此，为了让自己不受伤害，人们都有很强的防备心理。所以，你在和别人的谈话中，要反复地在言语上进行暗示，让别人感觉到你是友好的，你不会伤害他，这样，对方紧绷的神经会慢慢地放松下来，对你的提防也会慢慢降低，以至最终消失，并给予你同等的友善。

自从慧慧15岁那年发生了一场车祸之后，她的生活全然改变了，她的声音不再有女孩子的柔美，而是渐渐地变粗了，最让她接受不了的是，她的嘴巴上竟然有了胡须。

从那以后，她再也不敢说话，更不敢照镜子。后来，她索性把自己锁在屋里，不出门。慧慧新来的班主任得知情况后，她相信自己可以帮助慧慧。

班主任来到慧慧的房门前，她敲了敲门说："你好，慧慧，我是你的新班主任，我想认识你一下，想和你做个朋友，可以吗？”

屋里死一般的沉静，几秒钟之后，传来了砸门的声音，随后响起了咆哮声：“走开，走开，我不要，你滚开！”

班主任温和地说：“慧慧，相信我，老师是来帮助你的，不会伤害你，也不会嘲笑你。”

屋里依旧静悄悄的，没有任何声音。

班主任继续说：“慧慧，真的没什么的，相信老师，你打开门走出来，我们一起想办法，好不好啊？”

屋里依旧没有动静。

班主任继续说：“慧慧，你开门和老师握握手好不好？老师真的不会伤害你，也不会嘲笑你，相信老师，好吗？”

几秒钟之后，门打开了一条小缝，露出了慧慧一双惊恐的眼睛。当她看到老师微笑着向她点头示好后，眼里的惊恐少了很多。班主任趁机慢慢地把手伸向了她。隔着门缝，慧慧抓住老师的手，握了握。

班主任凑上前去，微笑着说：“慧慧，你走出来，好不好，老师想抱抱你，行吗？”

门缓缓地打开了，慧慧一边望着老师，一边慢慢地走了出来。班主任轻轻地走到她身边，给了她一个拥抱。

随后，在班主任的诱导下，慧慧开始慢慢地和她交流起来。

案例中的慧慧因为身体发生了一些变化而担心别人会嘲笑她、伤害她，因而将自己封闭起来。班主任得知情况后，和她进行了沟通，在言语间暗示了自己不是敌人，而是朋友，消除了慧慧的戒备，从而打开了她的心扉。由此可见，想要一个人消除内心的戒备，敞开心扉，你首先得让他感觉到绝对的安全，感觉到你不会伤害他。那么，在说话的时候，如何才能暗示对方你是朋友，而不是敌人呢？

1.语气温和一些

与不熟悉的人沟通的时候，说话声音温和一些，可在一定程度上降低对方的戒备心。一般情况下，他人在判断你是敌人还是朋友的时候，往往会从你的说话声音上判断你是否有攻击性。如果你声音大、语气硬，对方会觉得你攻击性很强，是敌人。如果你说话的声音稍微温和一些，则让人觉得你没有攻击性，是朋友，而不是敌人。

2.给予对方尊重

在与不熟悉的人接触的时候，我们判断对方究竟是敌人还是朋友，往往会以自己是否充分地受到了对方的尊重为依据。一般情况下，朋友会尊重你，而敌人则是强迫你。因此，在交往中，在言谈举止上要给予对方充分的尊重，让别人感受到你的礼貌和友善，这样一来，对方自然会把你当成朋友，而不是敌人，如此，他心中的戒备就消除了。

3.让人感受温暖

朋友会帮助你，而敌人却不会。我们判断对方究竟是朋友还是敌人，就要看对方是给你温暖还是让你心寒。当然我们不能给生活设置场景，这就要通过对方是更关注自己还是更关注你来判断。如果关心你就会给你温暖，如果对你不闻不问，很难想象，在你遭遇困境的时候，他会出手援助。当然，也要提防一些别有用心的人的关心。

4.要面带微笑

一般情况下，友善的人和你交谈的时候会面带微笑，而不怀好意的人往往紧绷着脸掩饰自己。因此，我们也可以从面部表情来判断对方究竟是敌人还是朋友。要想让并不熟悉的人将你当作朋友而不是敌人，那么，在接触和交往的时候，就要面带微笑，向对方传递你的友善。当他人感受到你的友善之后，同样会给予你一个友善的微笑。

5.要慢慢地接近

当彼此之间不熟悉时，彼此的心理戒备会非常强。如果一下子踏入对方的警戒范围，会让他人觉得你是在侵犯他，以至将你当作敌人来防范。所以，在和对方接触的过程中，要慢慢地接触，让他感觉到你是朋友，对他没有攻击性，当对方一步步地感觉到你的友善之后，会慢慢地缩小警戒范围，甚至缩小到朋友之间的距离。

选择正确的坐姿和位置，让对方放松下来

不同的落座顺序，或是不同的座位摆放，都会给对方不同的心理暗示。很多人也许对这种细枝末节并不在意，可有时候恰恰就是这些所谓的细枝末节造成了你与对方的心理距离。因此，要想消除彼此之间的间隙，拉近心理距离，就要在入座的时候多加留意坐的位置和姿势。

一天，小李家里来了一位远房表亲，确切点说，他还要叫小李一声大哥。母亲告诉小李表弟是来治病的，所以可能要在家里住一段时间，希望小李能够好好地对待他。

刚开始，小李对这位表弟很热情，表弟对小李也很亲热。可是慢慢地，小李发现，表弟开始疏远他，有时候还会有意或无意地表现出对小李的敬畏，虽然这没有什么不好，可是小李总觉得很别扭，毕竟表弟和自己年龄相差不多，他希望彼此可以成为好朋友，而不是现在这种主人和客人之间的关系。

在吃饭的时候，表弟总是很自觉地坐到最边上，有时候和小李聊天，他也会坐在小李的对面。小李非常纳闷，不知道表弟为什么会有这

样反常的行为。想了一个晚上，他突然想起，原来有一次，吃饭的时候他跟表弟开玩笑，让表弟坐在边上，因为他们是主人与客人的关系。其实当时小李只是一句玩笑话，没想到表弟却当真了。

自此之后，小李吃饭时总要求表弟和自己坐在一起，在聊天的时候，小李也特意和表弟并排坐着。小李希望能够通过这种座位的心理暗示使表弟明白他们是平等的。一开始，表弟显得有些拘谨，慢慢地，小李的坦诚和热情让表弟悬着的一颗心落到了实处。

经过一个多礼拜的心理暗示，表弟似乎明白了小李的用意，慢慢地开始和小李变得亲近了。

在案例中，小李用座位的位置向表弟传达了友善，传达了平等。事实上，很多时候，人们总是忽略座位的礼仪，以至人为地造成了彼此之间的不平等，造成了人与人之间很多的隔阂和矛盾。因此，在平时坐座位的时候一定要注意，要想让对方感受到平等，就要坐在相对平等的位置上。那么，在入座的时候，要注意哪些忌讳呢？

1.要坐在对方的身边

一般情况下，朋友之间交谈的时候，会坐在同一水平线上，而且是很近的位置上，这样有利于双方通过语言和表情来交流情感。因此，如果你想和陌生人迅速地拉近心理距离，那么就要和对方坐在一起。可能由于彼此之间不熟悉，坐得太近不合适，但是至少要保证坐在同一水平线上。这样给对方的暗示是，你和他处在同一水平线上，是平等交流的。

2.不让要对方坐门口

通常，坐在门口的位置上是为了方便随时进出，如果让一个并不熟悉的人坐在门口，一来会让对方感觉没有安全感；二来对方会认为你希望他随时离开，没有足够的诚意。这样就不利于拉近彼此之间的心理距离。所以，如果对方来拜访你，切忌让对方坐在门口；如果在公众场合，也要让对方坐在里面，以示尊重；去拜访他人，也要让别人坐在里面，表示自己随时可以离开。

3.注意入座时的尊位

生活中，有朋友来拜访，我们都会邀请他上座，以表达对客人的尊敬。一般情况下，上座是坐北朝南的位置。因此，在与陌生人入座交谈的时候，要注意，如果座位有别，那么千万别坐在“上座”，这样会造成双方心理上的不平等，坐了上座无疑高人一等，这会在无形之中拉远彼此的心理距离。

4.入座后切忌跷二郎腿

很多时候，跷二郎腿会传达出对对方的轻视和不尊重。当然，好朋友和熟人之间因为关系熟了，会觉得无所谓；但是在与陌生人接触和交谈的时候，一定要注意，你不经意间的跷起二郎腿，会向对方传达你看不起他的信息。这不但无法拉近双方的心理距离，还会因此而产生隔阂。

主动表露你的小缺点，让对方放松戒备心

每一个人都有缺点和毛病，在和别人接触的时候，我们会尽量地掩饰这些不足，把一个完美的自己呈现给对方，因此，我们总是小心翼翼地和他人保持着距离。我们是这样的，别人也是这样的。因此，为了能迅速地和他人拉近心理距离，可适当地把你的缺点和不足暴露给对方，让他人感觉到你也是有缺点的，令其打消因为害怕自己的缺点被人发

现、受人嘲笑的担忧，这样，对方的戒备心就会放松。

在新的工作环境里上班的第一天，黄满感觉非常不习惯，不仅是因为对新的环境不适应，更主要的是和新的同事不熟悉。尽管随着时间的推移她终究会和他们打成一片，但是黄满可不想把主动权交给时间。

于是，这天中午，她利用午休的时间和同事环美聊起了天。由于刚刚认识，环美对她抱有很强的戒备心，双方聊了聊天气，聊了聊拥堵的路况，就没了话题。而且环美表现得非常矜持，没有多发表意见。

这时候，黄满说："我这人方向感特别不好，今早上来的时候走错了地方，我还一个劲儿地敲门呢，结果走到了隔壁楼，幸亏一位大姐的热心帮助，我才找到这边来。你说我是不是太笨了点啊？"

环美笑着说："这不算什么，我当时直接坐反了车，还一直纳闷呢，怎么没有说的那个公交站点啊？直到车到终点不再走了，我还疑惑呢，后来问了乘务员才知道原来自己坐反车了，当时好丢人啊！"

……

就这样，黄满和环美之间的话慢慢地多了起来，环美也不再表现得那么矜持了，而是畅所欲言，再加上两人年龄相仿，聊的话题越来越多。黄满嗓门很大，环美也不再装淑女，而是开怀地大笑起来。她们很快从陌路成为无话不谈的朋友。

黄满再也不觉得难受了，她在这个新环境里有了朋友，再也不孤独了。

案例中的黄满和环美因为是刚认识，所以彼此之间都有戒心，在双方暴露了自己不少缺点之后，彼此的心理距离迅速拉近了。由此可见，暴露缺点会让他人感觉到你的真实，进而跟真实的自己进行比较，由此觉得安全，这样一来，彼此的心理距离会迅速拉近。那么，向对方暴露自己的缺点时，要注意哪些方面的因素呢？

1.要暴露大众会有的缺点

暴露自己的缺点，是为了让别人感受到你的真实，感受到你也是个有毛病的人。这个“毛病”要有大众的特点，即应是大多数人会有的毛病。比如，粗心马虎，像案例中的黄满一样，因为粗心而走错了地方。由于是大多数人都很容易犯的毛病，对方身上可能也有，因此能迅速地引起情感的共鸣，有利于迅速拉近心理距离。

2.能力的不足忌讳说

对于能力上的一些欠缺，在不熟悉的人面前最好别说，以免给别人留下你能力差的坏印象。在“近朱者赤，近墨者黑”的观念影响下，一般人都不愿意跟一个没有能力的人接触和交往，你的坦诚不但换不来友善，还会拉远彼此之间的心理距离。因此，在暴露缺点的时候，能力上的不足是个例外。

3.人性的缺点忌讳说

在暴露缺点的时候，对于人性的一些缺点，如自私自利、损人利己等最好别说，尽管你是为了让别人更加了解你，但是别人知道了你的这些缺点后，会为了自身的利益选择远离你。尽管如今价值取向多元化，但是别人是非判断的观念并非多元化。你暴露的缺点，会让别人对你的人品有成见，这无益于你和别人拉近心理距离，反而会拉远距离。

4.暴露些优点式缺点

在暴露自己的缺点时，不妨多说一些优点式的缺点，比如，你比较“傻”，总是吃亏，你比较“老实”等，表面上是在说自己的缺点，实际上是在说自己的优点。别人得知了你的这些缺点，自然会对你有个整体的判断，当他感觉到和你在一起是安全的，自然也会说出他的缺点，消除戒备，和你拉近心理距离。

5.暴露缺点忌埋怨人

很多人在向别人暴露缺点的时候，不是在说自己的毛病，而是在抱怨别人。这样会让对方觉得：你不会良好地处理人际关系，总是在怨天尤人；如果他和你接近，一旦出了问题，你也会抱怨他。由此，他就对你有了成见和看法。实际上，你的坦诚并没有换来别人的亲近，反而导致别人的心理戒备加强，和你拉远了心理距离。

主动关心，带动对方攀谈起来

人与人之间的关系简单说就是镜子原理，你对别人怎么样，别人也会怎样回报你。尤其是刚认识的陌生人，彼此之间不熟悉，心理戒备很强。这时候，双方都会对对方有个试探，如果你对他人表达友善，他人也一样会向你表达友善。因此，当你想要和对方拉近心理距离的时候，不妨表现出对对方的关心。

黄冈大学毕业之后，一直在广东打拼，他想开创自己的事业。可是对于祖祖辈辈在老家生活的父母来说，他们更希望儿子能在这个小县城找一份稳定的工作，不为别的，就为了光宗耀祖。

在父母的苦苦相劝之下，黄冈回到了老家，正巧赶上了每年一度的公务员考试。对于参加过公务员考试的人来说，报名可谓是轻车熟路。可是对于黄冈来说，多少有点陌生。这天他来到报名点，看着熙熙攘攘的人有点恐慌。

这时候，旁边的几个小伙子正在忙着填表贴照片，黄冈靠上去说："同学，你是2007年毕业的？"小伙子抬头看了一眼，说："是啊，你呢？哪一年毕业的？”黄冈回答说：“我是2003年毕业的。”

小伙子问：“工作了没？”

黄冈笑了笑说：“当然工作了，只不过我一直在外地打拼呢。”

小伙子：“那不是挺好的吗？为什么回来啊？”

黄冈：“家里不同意，非要让我回来考这个，说稳定。哎，无奈啊！”

小伙子：“我也是，家里逼着让考公务员，没有办法，那就考呗！”

黄冈不好意思地问：“怎么报名啊？”

小伙子说：“要先去领两张表，填好后拿着你的毕业证、身份证等证件去那里验证，验好之后，交表就行了。”

黄冈说：“表在哪里领呢？”

小伙子指了指一边说：“那边，你过去问他要就行。”

……

案例中的黄冈表现出了对对方的关心，继而得到了对方的关心和帮助。由此可见，当你和陌生人打交道的时候，要积极地向对方表达你的关心，只有你关心了别人，别人才会关心你。这样，才能让陌生感慢慢地消失，才能令他人消除戒备心理，打开心扉。那么，如何积极地向别人表达你的关心，在表达关心的时候有什么要注意的呢？

1.表达关心的时候要热情

在向陌生人表达你的关心时，要尽量热情一些，让别人觉得你是真的在关心他，而不是为了嘲笑他，看不起他。你的热情会让对方感到温暖。同样，对方也会因为你的热情而对你产生好感，进而关心你。人都是有感情的，当一个没有任何关系的人对你表示出热情时，大多数情况下，你同样会报以热情的关怀。

2.打消别人不必要的顾虑

一个和自己没有任何瓜葛的人向自己表示关心的时候，除了表示感谢外，一般人还会多留个心眼，认为对方别有用心，会对自己造成伤害。因此，向陌生人表示关心的时候，要告诉对方你没有恶意，你只是想和他交流，打消对方不必要的顾虑。因为当一个人心存顾虑的时候是不可能和你畅所欲言的。

3.勿踏入别人的敏感区域

对于别人的一些敏感区域，要多加留心，避免触到对方的雷区。比如，对于一个刚刚失恋的人来说，你关心他的婚姻状况无疑是揭他的伤疤。当然你会说，对方失恋你怎么知道呢？对此，说话的时候要察言观色，要学会选择合适的话题，不要在矮子面前说短话，触犯对方的忌讳。否则，你的关心就会变成嘲笑和讥讽。

4.过于隐私的东西别关心

对于一些过于隐私的东西最好别关心。比如，对方的银行账号、密码等。这些东西本身具有很强的隐秘性，即使对好朋友也是隐私，更何况你是一个陌路相逢的人呢？关心这些，别人会觉得你另有所图，进而远离你。这样就不可能达到消除心理戒备、敞开心扉交流的目的。

5.适当地说出自己的事情

在对别人表示关心的时候，也要适当地说出自己的事情，这样别人才会把你所关心的事告诉你。尽管你没有任何恶意，但是你只有先说出自己的事，对方才会把你当朋友，才会在心里接受你。如果你一再地打听别人的事，而别人对你一无所知，就会无形之中增加对方的戒备心理。

从对方无意识的行为入手，让其开口说话

有些时候，面对不爱说话之人，往往很难和他进行语言交流，因为你不了解他的喜好，无从让他开口说话；这个时候，如果我们随便找一个话题投石问路，打开他的话匣子，往往会被他冷漠的表情打退回来，甚至会惹恼对方，以至断绝了双方仅有的交往机会。这种情况下，我们不妨从对方无意识的行为入手，以此让对方开口说话。

王新是小学一年级的班主任，平时比较细心，对学生很有耐心。为此，他经常受到学校的表扬和家长的称赞。

新学期又开始了，上一年的学生已经读二年级了，学校又招了五十多名新生。新来的学生很多都活蹦乱跳的，但是王新发现其中有一个小孩好像很忧郁，刚开始，王新还以为是因为那个小孩不熟悉环境，不喜欢跟陌生同学交流。

一个月过去了，王新发现，那个小孩依然整天郁郁寡欢，从不说一句话，这个时候，王新开始留意他了。

一天下课后，王新走到那个孩子身边，问道："小朋友，你叫什么名字？"

那个小孩子一言不发，只是用眼睛看了看王新，没有表现出任何兴趣。

看着他的表情，王新暗地里有些着急，想道："不好，小孩子不会是天生的耳聋吧？如果是这样，应该送到专门的聋哑学校才行，否则不是耽误孩子的前程了吗？"

王新带着这些疑问，放学后，悄悄地跟在那个小孩的后面。王新看见小孩走进了一间用篱笆围住的房屋中，房子破败不堪，屋子里好像有

老人说话的声音。王新听见里面有人，便走了进去。

推开门，王新被眼前的情景震惊了，只见一位八十多岁的老太太躺在床上，似乎得了重病，而那个小孩子正在换洗老太太的袜子。

定了定神，王新开始向老人家说明来意。老人伤心地说道："我是孩子的姥姥，孩子的妈妈去年和孩子的爸爸离婚了，离婚后孩子的爸爸一直没来看望过他们母子俩。"

老人用手抹干眼泪，继续说道："从那以后，孩子似乎懂事多了，平时会主动帮忙干家务活，但同时话也少了很多，除了说'嗯'以外，几乎没听见他再说过其他话。"

听了老太太的话后，王新有些心酸，他决定一定要让孩子开口说话，否则将会影响孩子的一生。

有一次，王新发现那个小孩子无意识地用手舞动他的铅笔盒，于是王新觉得机会来了，便走上前去说："小朋友，可不可以把你的铅笔盒借给我玩一下？"

那个小孩子急忙说道："不行，不行，这是我妈妈送给我的生日礼物，不能随便借给别人。"

王新顺势说道："你妈妈有没有让你在学校听老师的话呢？"

小孩子说："我妈妈说了，老师，你说吧！"

王新顿时有一种成就感，便和小孩子交谈起来。

一个月以后，那个小孩子也和其他小孩一样爱说爱跳了。

在这个案例中，那个小孩子自从父母离异后，便不再和别人说话。对此，王新从孩子无意识的行为入手，终于让孩子开口说话了，也像其他小朋友一样爱说爱跳了。因此，在生活中，当很难打开对方的话匣子的时候，我们不妨从对方无意识的行为入手，让其开口说话。那么，我们如何做到这一点呢？

1.无意识地扶眼镜框暗示对方正在思考

有些时候，对方无意识地扶眼镜框，往往暗示着对方正在思考问题，而且很有可能就是你们正在讨论的问题，如果这时你能够顺势说一下问题的各种利弊，可能恰好解除了对方长久的疑惑，从而让对方开口说话，然后你再按照自己的意图加以引导，达到你预期的目的。

2.无意识地将手交叉在身后暗示对方很霸气

有些时候，面对你不熟悉而又不善言谈之人时，你可以通过他无意识地将手交叉在背后这个动作，推断出这个人很霸气，这时你最好说一些暗中夸奖他很威风、很霸气的话语，提起对方的兴趣，令其开口和你说话。

3.无意识地低头说明很谦卑，需要你给他自信

在生活中，面对不喜欢交谈的人时，你可以根据他无意识地低头迅速地判断出对方很谦卑，缺乏自信，如果这时你能适当赞扬他，谈一谈他的过人之处，也许会让对方重获自信，从而开口和你和说话。

4.无意识地抬头意味着对方很高傲

有些人经常无意识地抬头，这往往意味着他们心中很高傲，这个时候，如果你想让他开口说话，最好不要夸奖自己的功绩或是说一些贬低对方的言语，否则很有可能激怒对方，以至令双方都陷入尴尬的境地。

5.无意识地摆弄自己手中的物品意味着对方的空虚

当你发现对方在无意识地摆弄自己手中的物品时，可以由此推断出对方感到很空虚，如果你这时想要他开口说话，最好不要说一些不着边际的话，否则会让对方感到更加空虚；你最好说一些务实的话题，也许对方会立即开口和你交谈起来。

站在对方的立场上思考问题

在生活中，当人与人之间遇到不愉快的事情时，有些人认为只有自己才有难处，而对方则是在无理取闹，于是斤斤计较，闹得双方都不愉快；相反，有些人则能够站在对方的立场上去思考问题，当发现对方确有难处之后，及时主动地向对方认错道歉，最后双方往往会成为挚友。因此，在生活中，当我们遇到人际关系难题的时候，不妨多想想他人，站在对方的立场上来思考问题。

李娜和赵凯是同乡，而且在同一家公司上班，李娜在人事部，赵凯则在监察部。由于在公司只有他们两个人是同乡，因此他们的关系越来越好。

有一天，李娜的一个亲戚找到了她，让她帮忙在他们公司给他找份工作，李娜满口答应了，思前想后，也只有财务处的出纳正空缺，而且是一个肥差。经过李娜的打点，她的亲戚如愿地当上了出纳。

自从李娜的亲戚当上出纳以后，公司的钱经常与账目对不上，很多钱好像不翼而飞了，很多人开始怀疑是李娜的亲戚拿的，于是有人向监察部举报了李娜的亲戚。

接到举报后，赵凯和其他监察部的同事一起暗中调查李娜亲戚的行为，最后终于被他们找到了证据。

监察部向公司董事会反映情况后，经公司研究决定，将李娜的亲戚开除出公司，并且收缴他私自拿走的钱财。

听到这个消息后，李娜非常生气，她不是生亲戚的气，而是在生赵凯的气，她向赵凯抱怨道："虽然有举报信，但是你们可以装作不知，为什么要做得这么绝呢？"

赵凯说道："这是我的工作，没办法，请谅解！"

李娜说："想要我原谅你也可以，现在你就去和公司领导说证据有误，让他们通融一下。"

赵凯还是那句话："这是我的工作，没办法，请谅解！"

李娜的亲戚被开除以后，李娜自己也觉得无颜面对公司，于是怀着对赵凯的怨恨离开了公司。

李娜辞职后，决定换一家可以在监察部工作的公司。自从李娜在监察部工作以后，她慢慢地发现，她也和当初的赵凯一样，面对徇私舞弊的亲朋好友变得"冷漠"起来。

于是，她想通了，登门向赵凯道歉，两人又重归于好了。

在这个案例中，李娜刚开始面对亲戚被公司开除的情况时，并没有站在赵凯的角度来考虑问题，而是抱怨赵凯没有看在朋友的面上帮她一把。当她自己也在监察部工作以后，才理解了赵凯当初的做法。因此，在生活中，遇事想不通时，不妨站在对方的立场上来思考问题，这样也许你就会明白了。那么，如何才能做到这一点呢？

1.站在对方的身份上

在生活中，由于双方的身份不一样，所经历的事情也不一样。比如，老板对员工说话的时候总是用一种命令的语气，而员工往往会低声下气地倾听。如果你是老板，虽然你不喜欢低声下气的人，会觉得他们没有骨气，但是只要你站在他们的身份上去想，你就会发现，当你是一名员工的时候，你说话时也会小心翼翼，生怕有一句话说错了，你也会低声下气地倾听老板的命令，因为稍不注意就会被炒鱿鱼。

2.处于对方的心理上

在生活中，人与人之间的心理状况不一样，有些人胆小，与陌生人交往的时候总是畏首畏尾的；有些人则喜欢新鲜事物，和陌生人打交道的时候总能侃侃而谈。如果你是他们交往的对象，从表面上看，也许你会觉得前者对你不热情，后者过于显露自己；但是只要你站在对方的心理上去考虑问题，你就会发现其实他们对你和其他人都是一样的，并没有太多的偏见。

3.置身对方的处境中

由于人与人之间的处境不同，因此人与人之间的做事方式或者语言习惯也不同。比如，在面试场合，面试官处在一个裁判者的位置，他的喜好将会不可避免地影响面试者；而面试者处在一个被裁判的位置上，所以对他来说面试官说的话总有一种较强的气势，于是面试者总喜欢说一些好听的话去迎合面试官。如果你作为一名面试官，你可能会很厌恶，但是如果你是面试者呢？你很有可能跟他一样。想到这些，你就会豁然开朗。

4.考虑对方的担忧

由于每个人经历的事情不一样，因此所忧虑的事情也不一样。比如，在谈生意的时候，有些人曾经受过骗，所以这次就会变得很谨慎，处处怀疑你。这个时候，如果你不站在对方的立场上去思考，你会觉得对方是在故意刁难你；如果你考虑到对方的担忧，你就会理解对方的难处。

5.理解对方的情感

在生活中，每个人的情感是不一样的，虽然是同一件事，有些人可能和它有说不清的感情纠葛，而有些人则觉得很陌生。比如，对于一个人的评价，他已经离异的妻子可能说他是一个感情骗子；但是对他的朋友来说，他是一个重情重义的好男人。面对这种截然相反的评价，我们该相信谁说的呢？其实谁说的都没有错，只是各自扮演的角色不同而已。

第 10 章　消除隔阂、化解不快，让人对你刮目相看

在人际交往当中，人们难免会因为彼此之间不能很好地协调而发生矛盾和纠葛。发生了不愉快之后，迅速地矫正关系、消除彼此之间的隔阂就显得尤为重要。有的人能很好地化解矛盾，使得人际关系越来越好；而有的人则没有化解，导致双方之间发生更严重的矛盾。由此可见，能否有效化解矛盾也是衡量一个人能力的依据。那么，究竟如何化解尴尬与矛盾？如何让水火不容的两个人和好如初呢？这就需要一些技巧和方法了。这一章，我们将详细地为你解答这个问题。

误会产生时要冷静沟通

由于每个人的脾气、性格都不一样，相处的时候，发生矛盾、产生误会在所难免。有了误会之后，首先要做的就是尽快解释清楚；可是很多时候，你越想解释清楚，越解释不清楚。你焦急和迫切的心情并不能让误会烟消云散，反而会令你因为不知如何解释而错过和解的最佳时机。

之所以想解释，是因为在乎彼此之间的关系。越是在乎越会着急。但是你要明白，着急解决不了问题。

王刚和赵鸣曾经一起在小区门口卖菜，慢慢地熟了起来，有时候王刚进的菜没有了，便会从赵鸣的菜摊上拿一些去卖。同样，赵鸣也享受着和王刚同样的待遇。两家互相帮助，生意越做越好，两家的感情也越来越好。

后来，由于小区治安管理，王刚和赵鸣在小区内各自办了一个蔬菜门市部。虽说两家不在一起卖菜了，但是两家的感情依旧非常好，依旧

享受着互惠互利的便宜。

一天，王刚的菜店里没有辣椒了，他打发妻子去赵鸣的店里拿一些辣椒过来。王刚的妻子来到赵鸣的菜店里说明了来意，赵鸣的妻子笑着说："我们的店里也不多了啊。"可是王刚的妻子清清楚楚地看到一大筐新鲜的辣椒摆在一边。她二话没说，愤愤地离开了。

第二天，赵鸣的店里缺了蘑菇，他火急火燎地跑到王刚的店里去借菜。王刚的店里有大量的蘑菇，但是王刚就是不同意借给赵鸣，为此两人吵了起来。在争吵中赵鸣才知道之前发生的事，他一再解释说自己当时不在店里，可是王刚夫妇说什么也不相信。

一边是赵鸣急等着要蘑菇，一边是王刚夫妇因为之前借菜被拒绝而不肯原谅，亦不肯借菜给他。赵鸣急得像热锅上的蚂蚁团团转，他越急，说话就越没了把持，最后竟然对王刚夫妇说道："你们到底是帮不帮忙，今天这个忙不帮也得帮！"

王刚生气地说："不帮！怎么地，还想抢不成？"

赵鸣急得额头直冒汗，辩解道："我不是这个意思……"

王刚进一步说："那你什么意思？威胁的话都说出来了，还不是这个意思，你想怎么地？要是想动粗，我奉陪到底！"

赵鸣越急越说不清楚，最后被王刚夫妇赶出了菜店。

案例中的赵鸣原本在跟王刚夫妇道歉，可是因为心情急切，将道歉的话说成了威胁，结果不但没有消除误会，还加剧了彼此之间的矛盾。由此可见，当双方发生误会的时候，最好心平气和地和对方沟通，而不要火急火燎地只顾着表达情绪，否则会让对方觉得你是在威胁他。那么，当发生误会的时候，如何才能做到心平气和地交流和沟通呢？

1.稳定心绪，心态缓和一些

发生了矛盾，产生了误会，这是双方谁也不愿意看到的。但是，既然误会产生了，就要想办法解释清楚。很多人都想尽快消除彼此之间的误会，此时，如果你能心平气和地和对方沟通，那么对方的情绪也会平静下来。别忘了，别人也有情绪，你的紧张和急躁也会让对方情绪不稳，这样更加说不清楚了；同时，你的焦急心情会加剧对方的对抗情绪。这时候，不妨接受已经产生误会的现实，心平气和地解决矛盾才是主要的。

2.说话语气中别带不满情绪

有些人很在乎彼此之间的情感，觉得产生误会是很不应该的；所以总想在第一时间将误会解除。可是一着急，话语间就有了情绪，对方的心情本来就不好，而你说话的时候若带了情绪，会让对方更加恼怒，这样，双方的心情都很焦躁，更不利于沟通和协调。因此，说话的时候千万别带情绪。

3.别抱怨，多找自己的问题

出现了矛盾，这是既定的事实，无论怎样抱怨也改变不了这个事实。但是，有些人就是没有办法接受这个事实，出了问题就知道抱怨，要么抱怨自己，要么指责他人。不管怎样，你的抱怨语气会继续增加彼此之间的误会。因为别人会觉得你在为自己开脱，或者是推卸责任。试想，这样去沟通，误会能解除吗？

4.沟通的态度不妨诚恳一些

既然你想解除彼此之间的误会，那么沟通的时候态度不妨诚恳一些，让对方感受到你想要和解的诚意。如果你说话很冲，那么对方会觉得你不是在沟通，不是来解决问题、消除误会的，而是来找麻烦的。如此一来，对方自然不会给你好脸色看了。这时候，诚恳的态度是消除误会必不可少的。

5.多站在对方的立场上考虑

双方产生了误会，很难说问题出在谁身上。很多人觉得是别人不理解自己，别人心眼小，把眼光聚焦在别人的身上找问题，要求别人理解自己，却忘了恰恰是因为自己的错误伤害了彼此之间的情感。这样，你越想消除误会，双方的误会就越深。所以，这时候，不妨站在对方的立场上来考虑，想想你的所作所为给对方造成了怎样的伤害。

犯了错误，要真诚地表达歉意

是人都会犯错误，但是有的人犯了错很快就能得到大家的谅解，而有的人犯了错误却被人唾弃。究其原因，在于犯错之后是否有悔意。只要能认识到错误，即使再大的错误，别人也会给你机会悔过自新。相反，如果你没有悔意，那么即使是再小的失误，别人也不会原谅你。因此，关键在于你对错误是否有清晰的认识。

文强和蔷薇交往已有两个多月了。两个人的感情在一步步地升温，但是对于蔷薇来说，她越爱文强越感到不安，不是她不喜欢他，而是因为她曾经有过一段刻骨铭心的爱情，因为爱，她把身体给了一个用生命爱她的男人。

她为此而感到恐慌和不安，她不知道当文强知道她的这段经历后是否还能接受她。她想告诉他，但是她也害怕文强会因此而离开她，她越爱文强，这种恐惧和不安就越发强烈，很多次，她都鼓起勇气想说，但是话到嘴边，她又咽了回去。

这天晚上，公司要聚餐，文强说要去接她。可是一顿饭整整吃了三个小时，这三个小时，对于文强来说，实在是痛苦和煎熬。从晚上六点一直等到九点，北京的十一月，天气冷得要命，文强愣是在零下十几度的晚上一等就是三个小时。当蔷薇从酒店里出来之后，看到冻得瑟瑟发抖的文强，眼泪忍不住流了下来，她觉得她不应该再隐瞒下去了。

于是她把她的那一段经历告诉了文强。文强静静地听着，什么话也没有说。实话说，他心里非常难受。但他是爱她的，他不知道这个时候他是应该给予安慰，还是淡淡地一笑，说声没什么。实际上，他并不在乎蔷薇曾经和一个怎样的男人相爱，他更在乎他对蔷薇的爱。

蔷薇拉过文强的手说："那时候还小，对于爱情过于盲目，总觉得爱一个人就把所有的都要给他。但是经历过这段感情之后，我成长了不少。我不后悔和他相爱，但是如果时间能倒流，我一定不会那么傻，那么无知的。"说着低下了头，表情中流露出悔恨。

看着蔷薇楚楚可怜的样子，文强说："没事的，你不要太自责了。谁也没法预知我们彼此就会在对方的未来出现。我爱你的现在，就要接受你的过去，并想着和你一起憧憬未来。我们携手，向幸福的未来出发吧！"

看着文强一脸的真诚，蔷薇感动得热泪盈眶。她站起来，紧紧地抱住了文强。

……

案例中的蔷薇在向文强坦白过去的时候，言语中流露出悔意，因而触动了文强的心，最终获得了文强的原谅。由此可见，当一个人犯错后，要及时地把自己的悔意表达出来，从而让对方从内心深处原谅你。这时候，如果你装傻充愣，势必会惹怒对方。那么，究竟该如何表达自己的悔意呢？

1.说话声音要柔软

一般情况下，当一个人占住理的时候，说话声音会大一些，正所谓有理声高。所以，你在犯错之后，说话的声音要低沉一些、柔软一些。这样别人就能在你的言谈中感受到你的悔意，感受到你因为犯错而内心不安。一般情况下，别人都会原谅你。如果你犯了错还扯着嗓门说话，即使再宽容的人也会记恨在心的。

2.言语中尽显歉意

既然是你犯了错，那么就要及时地向对方表达你的歉意。在你的表达中，别人会感受到你的悔意，因为你只有认识到自己错了才会道歉。表达歉意的时候，别一味地说对不起，要多说一些你的错误给别人带来的伤害，并为此而感到不安和羞愧。既然你表达歉意了，那么别人便没有必要和你计较下去。

3.谈谈犯错后的领悟

当一个人有了悔意的时候，就说明他对自己的错误有了清醒的认识。在向对方表达你的悔意时，一定要把你的认识表达出来。如果对方指责你，你要点头称是，千万不要和对方争论和辩驳。因为这时候不管你说得对不对，对方都会觉得你态度有问题，并没有真正地认识到自己的错误。

4.不要为自己开脱

很多人犯错后都会找很多的理由为自己开脱，要么找客观的理由，要么把责任推卸到别人的身上。事实上，你为自己开脱，也就是认为自己没有错。不管你找的理由多么合情合理，别人都会觉得你没有悔过的意思，都不会轻易地原谅你。

5.表情动作要到位

除了通过言语表达你的悔意之外，在道歉的时候，还要从表情和动作上来传递你悔过的意思。比如，流露出真诚的目光；或者低下头，双手相搓；或者摸一下头等。你的这些表情和动作往往会让对方觉得你很不好意思，如此，他自然会接受你的道歉。

展现诚意，赢得对方的信任

生活中，当双方发生矛盾、产生隔阂的时候，关系往往会变得疏远，继而让对方对你产生不信任的情绪。如果别人不信任你，那么他就会处处提防着你，给你的生活和工作带来不便。这时候，就需要你从一些微不足道的小事上透露出你的诚意，让对方对你的戒备慢慢地降低，最终达到解除对方戒备、双方和好如初的目的。

张峰和邓海住在同一个宿舍，又来自于同一个省，因此觉得分外亲切。自从进入大学之后，两人便形影不离，一起学习、一起玩。可是最近，两人闹了一场不小的矛盾。

原来，他们两个人出去吃饭的时候，总是邓海埋单，有时候张峰感觉不好意思了，就借故说自己没拿钱包，让邓海先付，自己下次再付，可是下次，张峰依旧装作没事人的样子，吃完饭依旧没有埋单的意思。

时间久了，邓海开始疏远张峰，再也不和他一起学习、一起玩，更不和他一起去吃饭了。张峰几次主动找他，都被他以各种理由给推托了，而且他似乎对张峰充满了敌意。张峰也意识到了自己的错误，但是邓海并没有给他机会解释。

从那以后，张峰时不时地关心邓海的学习和生活，晚上闲来无事，也会买一些零食和邓海分享。一开始邓海对他严词拒绝，慢慢地邓海对他的提防少了很多，有时候他们还会聊聊天。但是，两人不像从前那样亲密了。

一次，晚上闲来无事，张峰买了很多酒和邓海一起分享。喝酒过程中，张峰有意或无意地提及了以前两人在一起的欢乐时光。邓海刚开始没怎么发言，酒过三巡，邓海说："你这小子，真不够意思，咱俩兄弟一场你还老算计着我，老子跟你做朋友真是倒了八辈子的霉。"

张峰趁机说："是啊，后来想想，我这人还真不怎么地。邓哥，你大人不计小人过，别跟我一般见识。"

邓海喝着酒说："没事，兄弟，以后咱俩还是好朋友，只是你可别再算计我了。"

张峰笑着说："邓哥，哪能呢！"

……

案例中的张峰在遭到好朋友邓海的远离之后，通过在小事上表露自己的诚意，最终获得了邓海的原谅。由此可见，在两人发生矛盾、对方对你产生不信任的时候，你不妨在小事上表露你的诚信，让别人感受到你的诚意，进而原谅你。那么，如何在点滴的小事上表露你的诚意呢？

1.多关注对方生活

双方产生矛盾之后，对方对你有了很强的戒备心理，也就没有了信任。这时候，如果你想化干戈为玉帛，就要关注对方，给予对方温暖和关怀。或许开始时对方对你的好意无动于衷，但是，你要记住，对方在看你的表现，不要因为一次被拒绝就放弃了。用你的诚意去感动别人，当对方感受到你的真诚后，自然会原谅你。

2.适当地学会吃亏

很多人之间产生矛盾，往往是因为过于算计，太计较个人的得失，而损害了别人的利益。所以，当你发现对方对你不够信任的时候，不妨主动地吃一些亏，从而让别人感觉到你的诚意。不要觉得亏白吃了，对方会记着你的好，继而从心里原谅你。

3.对别人表达热情

人与人之间是相互的付出和回报。当别人觉得你并不值得交往的时候，就会形成很强的戒备心理。这时候，不妨主动一些，对他人表现得热情一些，让别人感觉你还是很在乎他，还是愿意为你们之间的关系付出的。当别人得到这些信息的时候，心理戒备就会慢慢地消除。

4.一步一步地走近

很多时候，双方感情本来很好，一旦对方对你有了想法和成见，就会远离你，因为对方有了心理戒备，你也会感觉到别人开始不信任你了。如果你还当作什么事也没发生，还试图和对方走得很近，那么势必会遭到对方的抗拒。这时候，不妨一步步地、慢慢地向对方靠近，等着对方再次对你建立信任。

5.勿忽视身边细节

当你发现你身边的人对你不信任的时候，不要忽视身边的一些细节。对方判断你值得或者是不值得交往，往往是从一些细节问题上来观察你。因此，要想尽释前嫌，还要从细节之处表达你的诚意，让对方的心受感动。

言谈间适度表现一下，让对方对你重视起来

人际关系的正常交往，是在有了同等的身份和地位、在自己被对方

尊重的前提之下。如果别人看不起你，或者说轻视你，那么双方之间的关系就会发生微妙的变化，彼此之间也会产生心理隔阂。当你发现你身边的人开始不重视你、不尊重你的时候，不妨在言谈中适当地表现一下自己，引起对方的重视，让对方尊重你。

对于现年28岁的甄斌来说，目前最重要的事情不是落实工作，而是尽快结婚。可是他生性腼腆，又不喜欢和女孩子打交道，所以，至今依然是单身。这可急坏了他的爸爸妈妈，于是两位老人四处托人为儿子介绍对象。

在亲戚的帮助下，好不容易打听到一个各方面都和甄斌相匹配的女孩子；而且双方都见过照片，基本上算靠谱。于是这天，在亲戚的积极安排之下，甄斌和他的父母与女孩及其父母见面了。

这期间，女孩的父母打听了甄斌的收入，了解了他的家庭状况。甄斌的家在农村，爸爸妈妈都是地地道道的农民，再加上甄斌大学毕业之后一直在外面发展自己的事业，按照当地人的话说没有正当稳定的工作；而女孩家在城市，家境相对来说比较富裕。

当了解了这些信息之后，女孩的父母言语间透露出对甄斌的轻视和嘲笑。这让坐在一边的甄斌非常难受。几次他都想找个借口离开，但是父母亲戚都在，他不能让他们下不来台。他只好硬着头皮坐在那里忍受着别人的轻视和看不起。

父母和亲戚在一个劲儿地恭维着女孩和她的父母，对方享受着被恭维的喜悦，口头上却说着不咸不淡的话。最后，对方的父母让甄斌说一些这些年的经历。甄斌清了清嗓子，字正腔圆地说："我是北京大学文学院毕业的，毕业后在北京一家知名的杂志社担任主编，其间出版了几本小说，还兼职担任中央通讯社的特约编辑和中央电视台的特约评论员。”

女孩的父母听了，说话的语气立即变了，由之前的不屑一顾变成了点头哈腰，他们握着甄斌的手不住地说：“小伙子，你真了不起，真了不起啊，是中央的人啊！”言语中表现出欣赏和惊喜。很显然，甄斌的话对他们起了一定的震慑作用。

……

案例中的甄斌因为种种原因，被别人看不起。在他的言语中，他将自己的成就表现了一下，最终赢得了应有的尊重。由此可见，当别人看不起你、轻视你的时候，要记得适当地表现自己，从而赢得别人的尊重。那么，如何表现自己，让别人对你不敢轻视呢？

1.显露自己的成就

一个人的能力如何，往往能从他曾经和现在所取得的辉煌成就上表现出来。人都会比较尊敬那些有本事的人，而看不起那些没本事的，觉得他们是窝囊废。所以，当你和对方交谈、感觉对方对你有轻视的时候，不妨适当地提一下你曾经和现在取得的成就，让他人对你产生敬意。像案例中的甄斌，摆出了一系列的成就，从而让对方刮目相看。

2.透露自己的社会地位

对于社会地位高的人，人都不敢轻视，而是习惯于恭维。因为对方的社会地位高，意味着比他有更高的能力、更强的本事。所以，在言谈中，不妨适当地透露自己的社会地位，给对方造成心理上的压力。这样，当别人的社会地位比你的低的时候，气场便会比你弱，在说话的时候，便不敢从心理上轻视你。

3.提及自己的收入水平

当今社会，一个人收入水平的高低，往往决定了一个人价值的大小。如果你的收入高，那么就意味着你的价值高，别人也会尊敬你；如果你的收入水平低，别人常常会瞧不起你。因此，在谈话的时候，不妨把自己的收入水平说得高一些，让别人觉得你的社会价值比他的大，你比他有本事，那么他便不敢轻视你。

4.及时显露自己的才华

有才华的人往往令人羡慕和钦佩。尤其是一些别人无法企及的才能，更能让对方钦佩得五体投地。因为别人在这方面永远无法与你相比，所以你在气场上已经牢牢地占据了上风。这时候，他人没有嘲笑你的理由，更多的是赞美和钦佩。事实上，这是对你最大的尊重。

5.说与你相关的有本事的人

在很多时候，人考虑的都是自己的利益，如果对方觉得你没有什么利用价值，便会轻视你。与人交谈的过程中，不妨提及你与一些有本事的人的关系。因为他们有本事，所以可能会让对方觉得有利用的价值，而对方又无法认识他们。这时候你的价值就凸显出来了。再说了，能结交有本事的人，本身也是一种能力。这时候，那些瞧不起你的人便会开始尊重你。

言语暗示，轻松解除隔阂

很多时候，两个人之间产生了隔阂，互相都不肯服输；更多的时候，本来有要和好的想法，却因为好面子而不肯轻易作出退让。这样一来，本来是很小的一个矛盾，却因为面子问题而导致了更大的矛盾，给双方的情感造成了很大的伤害。

向对方作出让步无疑是承认自己错了，这对于很多人来说很难接受。但是只要在言语中适当地用一些暗示的话，让对方明白你想要和好的意思，对方就会踩着你给的台阶及时下。这样一来，双方便能在保留面子的前提之下毫不尴尬地化解彼此之间的矛盾。

小雨和小鱼是双胞胎姐妹，她们从来没有见过面，在她们十五岁那年，爸爸妈妈把小鱼从姥姥家接到了城里。

刚出生的时候，小雨身体很差，妈妈找算命先生求签，结果人家说，要想让两个孩子都平安无事，就必须把她们分开，等到她们都十五岁的时候才能团聚。就这样，两姐妹一分开就是十五年。

因此，小鱼一直都很记恨小雨，她觉得，要是没有小雨，自己也就不会失去父母的疼爱。见面后，小鱼从来都没有叫过小雨一声“姐姐”，而且只要是她看中的东西，总会想方设法地从小雨手中抢过来。小雨虽然很生气，但是想到妹妹失去爸妈的疼爱那么多年，所以也就一再忍让。

其实小雨一直想和妹妹和好，但不管小雨怎么做，小鱼始终是敌对态度。她讨厌姐姐说“什么什么东西是我的”“这是我家的”之类的话，因为小鱼觉得，小雨一再在她面前提“我”，是在向她宣誓专属权。

刚开始小雨并没有意识到这些，她对妹妹很关心，希望可以和睦相处。这天吃午饭的时候，小雨说了一句：“这个菜是我最喜欢吃的，而且只有妈妈做的我才会喜欢。”说者无意，可是小鱼听着很不舒服，她冲着小雨吼道：“你喜欢吃，全给你吃，吃死你。”然后很生气地离开了餐桌。

后来，小雨思索了半天，才发现原来妹妹很在意她说“我”，于是小雨决定改变策略，以此来暗示想和妹妹“化敌为友”。

第二天，吃饭的时候，小雨看着满桌子丰盛的饭菜，幸福地说：“今天妈妈做了我们最爱吃的饭菜，谢谢妈妈。”说话的时候，小雨偷偷地看了小鱼一眼。小鱼一改昨天的对抗，脸上挂着幸福的微笑。尽管今天的菜并不完全适合小鱼的口味，但是她还是吃得津津有味。

在以后的日子里，小雨总是把“我”有意识地改成“我们”，不管是吃饭还是做别的事，小雨都会说“我们怎样怎样”，就这样时间不长，妹妹慢慢地不再敌视她，也开始叫小雨“姐姐”了。

案例中的小雨通过将“我”说成了“我们”给了小鱼暗示，表明了自己想要和她搞好关系，化解矛盾的意思。由此可见，言语的暗示，能传递你想要化解矛盾的意思，同时又让你不失面子。那么，究竟如何言语暗示，才能让别人明白你想要和好的意思呢？

1.多顾及对方的感受

说话做事的时候，我们要多顾及别人的感受。不能脑子一热，想说什么就说什么。尤其是想要和对方化敌为友的时候，更要多顾及一下对方的感受。你所暗示的你理解他、你在考虑他的感受，无疑是在向他传达你的友善，表达你想要和对方化敌为友、和睦相处的意愿。如此，他的内心深处自然不好意思再和你纠结，也会考虑你的感受。

2.积极肯定对方的表现

一般情况下，产生矛盾的双方看到的是对方的缺点，觉得他应该怎么样，而不应该怎么样。当你想要和对方化解矛盾时，不妨积极地肯定对方的表现。这样，挑刺就变成了肯定，对方自然也不好意思盯着你的“不应该”不放。这样一来，双方的隔阂也会在互相的赞许声中毫无尴尬地得到化解。

3.多说“我们”少说“我”

“我们”是一个集体，而“我”是一个个体。当你说话的时候，要多说“我们”，少说“我”。这样，给对方传达的信息就是，你和对方是自己人。这样的“称呼”能显示自己的心胸，能向对方暗示你的包容和豁达，对方和你隔阂再深，也不好意思再纠结下去，这样，就毫无尴尬地化解了彼此之间的隔阂。

4.为共同进步作出表率

要想和对方化干戈为玉帛，暗示想和对方和好如初，那么就要积极地作出表率。你所做的别人会看在眼里，会记在心里，也会跟着你作出相应的举措。这样一来，双方都在积极为化解矛盾而努力，两人之间的隔阂也就慢慢地化解了。这既避免了言语间的尴尬，又顾全了面子，可谓一举两得。

5.适当地作出牺牲

若彼此之间互不妥协，最终只能导致两败俱伤。但是一方妥协，就意味着要作出相应的牺牲。因此，如果双方剑拔弩张，不妨作出一点牺牲，向对方暗示，我在保护你，我在努力向你靠近。这样，当对方看到你牺牲自己的利益来维护对方的利益时，自然会明白你希望和他化解矛盾的想法。

第11章　说到心里，扭转对方想法全凭巧妙沟通

在人际交往当中，如果一个人不信任你，那么即使你说得再有道理，对方也不会被你说服。因为对方的内心深处对你产生了极强的防备和对抗。你说得再好，对方根本不入耳，一样没有用。这时候，不妨在你和对方的沟通中，慢慢地取得对方的信任，这样对方才会听你的话，才有可能被你说服。但是，当对方对你产生极强的戒备时，如何才能取得他的信任呢？这就是本章的重点之所在。

表达"同理心"，更易打动对方

在人际交往当中，我们常常觉得支持和认可我们的便是朋友，并因此而信任他，对他表示友善；相反，那些反对和否定我们的人，尽管不一定是我们的对手和敌人，但是也会让我们觉得浑身不自在，我们内心之中很自然地会对他们产生隔阂和对抗。由此可见，当你想要获得别人的信任时，不妨多说一些感同身受的话，从而拉近和对方的心理距离，让别人把你当作知心朋友。

大学毕业之后，王爽回到了家乡，她没有参加公务员考试，而是选择了一家企业去当会计。尽管王爽担任着会计一职，可是每做一次账，老板都要查了又查、看了又看。王爽知道，老板心里对自己信不过。

这天，当她做完账之后，老板又像以前一样，对每一个账目进行了核查。这一次，王爽主动走上前去，给老板作了解释和说明。检查完之后，老板笑着说："小王啊，你的工作做得很到位嘛。"

听到从来不表扬人的老板在夸自己，王爽多少有些不好意思。她

说：“这是我应该做的。作为会计，我掌管着公司的命脉，要是我稍有纰漏，势必给公司造成巨大的损失。你每天工作那么忙，都会认真仔细地查账，我是会计，当然更要仔细认真了。”

老板连连点头说：“是啊，是啊，一个企业不管发展得多么好，如果账目不清楚，就不是良性发展。只有在账目上才能看出来是亏损了还是赢利了。你是公司的会计，可见肩膀上的责任有多么大。事实上，这也是我每天都来查账的原因，不怕一万，就怕万一啊！”

事实上，王爽心里明白，就算真有什么差错，也不至于让老板神经如此紧张。老板更担心的是她掌管着公司的财务，对她不放心。于是她趁机说：“老板这么重视我，我一定不负厚望，将账目做好做细，为公司的良性运作尽自己最大的力量。”

从那以后，老板查账的次数慢慢地少了很多，有时候一个星期来查一次，后来，竟变成一个月来查一次了。

案例中的王爽因为工作的原因，掌管着公司的命脉，所以老板当初对她并不信任。她通过和老板的这次交流，赢得了老板的信任。由此可见，在关键时刻，要多说一些感同身受的话，让别人觉得你理解他，继而在心理上拉近和你的关系，信任你、重用你。那么，如何说话才能让别人感同身受呢？

1.站在对方的立场上去想

很多人之所以没有办法理解别人，是因为总是习惯于站在自己的立场上去想问题。如果转换一下角色，你变成对方，你会怎么去想？很显然，你所持的观点和说的话会完全不一样。所以，要多站在对方的角度，对他人表示理解和认可，这样会拉近和对方的心理距离，让他人对你连连称赞。

2.把话说到对方的心坎上

说话的时候，要洞察对方的心，弄明白对方究竟想表达一种什么样的情感和态度，把话说到对方的心坎。这样，别人会觉得你很理解他，你是知己，你懂他，进而觉得你是自己人，从而对你友好、对你赞许。如果你在认可和肯定别人时却说着不着边际的话，别人对你也不会有多大的好感。

3.不妨多领会对方的情感

一个人的情感不被理解是件非常痛苦的事情，如果你理解别人的情感，别人会把你当成知心朋友一样，自然会对你表示赞同。所以，说话的时候，要从情感处着手，在理解和认可对方的想法和作为之余，多去领会和理解他们的情感，表示对对方的理解和同情，这样更能走进对方的内心。

4.为对方的感受找到依据

在你说感同身受的话的时候，不但要认可对方的说法，还要给这种说法找到一个合情合理的理由。这样才能让对方觉得你不只是随声附和，而是和他有共同的认识。也只有这样，别人才会认可你，才会打心眼里把你当作知心的朋友，从而信任你。否则，即使你不断地迎合别人，对方也不会赞成你，亦不会真正地信任你。

5.有不同意见勿随意乱提

很多时候，别人的说法你基本上很赞成，但是也有一些地方是不合自己心意的。在认可对方的同时，如果对方没有要求，不要随便乱提想法，没有人喜欢别人对自己挑刺。你的认同让别人对你敞开心扉，但是你的意见又在无形当中拉远了彼此之间的距离。这样，是得不到别人的信任的。

自信大方地说话，才能获得对方信任

一般情况下，说话声音大、目光不游离的人内心坦诚，更容易获得别人的信任；而气若游丝的人则会让人感觉他内心有鬼。事实上，要想做到说话声音洪亮，抬头挺胸，目视前方，没有绝对的自信是不可能的。因此，要想让别人信任你，你首先得信任你自己，如果连你都不相信自己，又怎么让别人相信你呢？

大学毕业之后，舒同和其他同学一样，拿着厚厚的简历四处找工作，可是都不满意。除了一些做业务的工作外，大部分岗位都需要有丰富的工作经验。舒同只能站在一旁望洋兴叹。

这天，舒同百无聊赖，在网上闲逛，无意中打开了一家人才招聘网站。看到一家企业在招秘书，而且要求不是很高，自己完全能胜任，于是投了简历。老实说，她并没有抱多大的希望。

可是奇迹往往在不经意间出现。第二天，舒同竟然接到了对方通知面试的电话。于是这天下午，舒同提前来到了对方公司，等对方的经理上班之后，再参加面试。与她一起面试的还有四五个女孩。

她们依次参加了面试。轮到舒同面试的时候，她坐在经理的对面，抬头挺胸显得非常自信。在和经理的交谈中，她没有像别的女孩子那样扭扭捏捏，装淑女，而是很大方、很清晰地回答了经理的提问。

面试结束后的第二天，舒同接到了上班的通知。在和经理的交谈中，舒同得知，正是因为她的自信表达，给经理留下了深刻的印象。她的自信，让经理觉得她所说的每句话都是真的，是没有水分的。

就这样，舒同凭借着自信的表达最终获得了经理的信任，得到了工作。

案例中的舒同在面试的时候，言谈中尽显自信。也就是在她的自信言谈中，经理看到了她的真诚和实在，继而对她产生了信任。最终，舒同如愿以偿地得到了这份工作。由此可见，说话的时候要自信一些，用你的自信去换取别人的信任。那么，说话时，如何才能表现出自己很自信呢？

1.说话声音要大一些

一般情况下，自信的人说话字正腔圆，声音比较洪亮，底气比较足。而缺乏信心的人则表现得底气不足，说话声音很小。同样，说话声音大的人比较真诚，而说话闪烁其词的人则很多时候内心有鬼，因为在说谎，所以会心虚。这样一来，别人就会认为，说话声音大的人说的是实话，而说话声音小的人有可能在说谎。由此可见，说话声音大一些，更能赢得别人的信赖。

2.勿逃避对方的目光

很多人说话的时候，目光没有在对方的脸上，而是在地上或者是天花板上；或者是你和他进行目光交流的时候，对方很快躲开。很显然这样的人在说谎，因为害怕目光会暴露心虚，所以会躲避。所以，在和人交流的时候，不要轻易逃避和别人眼神的交流，否则，会让别人觉得你内心有鬼，进而怀疑你。

3.千万不要答非所问

自信的人与人沟通和交流的时候，会让别人感受到自己的真诚。但是如果你答非所问，会让别人感觉你根本没心思跟他说话，或者你心里有别的想法，因此对你产生误解，不信任你。说话的时候态度要端正一些，认真倾听，认真回答。这样才能让别人感受到你的自信，打心眼里信任你。

4.说话要有逻辑性

很多时候，自信的人说话很有逻辑性。同时，其具有逻辑性的言谈会让他更加自信，而这也会给别人一种真实的感觉。如果内心有问题，那么说出的话绝对缺乏逻辑，即使能自圆其说，别人也能听出来破绽。所以，在说话之前，要厘清思绪，把话说得富有逻辑性一些，这样更能让别人对你深信不疑。

5.让自己的气场变强

气场强，一般会让人觉得你是真诚的。如果你不真诚，那么你内心深处就会否定自己。这样，你就不可能认为自己理所当然。一个人被自己否定之后，气场会变得非常弱。相反，一个人自我肯定之后，才会理直气壮，气场才会强。因此，在说话之前，要想办法让自己的气场变得强一些，让别人觉得你是真诚的，是值得信赖的。

说服他人别太直接，委婉曲折更易深入人心

生活中，谁也不愿意承认自己是个无用的人、认为自己的意见和建议没有任何价值。所以，当你说服他人的时候，因为自尊心，对方自然不愿意就此乖乖地顺从。这时候，要把说服对方的目的掩饰起来，不妨设置一些悬念，用委婉曲折的故事打动对方，让对方很自然地向你靠拢，从而被你说服。

哈蒙特毕业于耶鲁大学，又在德国弗莱堡做了三年研究工作，按照常理，他可是很多矿厂主求之不得的人物，可是事实并非如此。

来到美国后，哈蒙特挑了一家很大的矿厂去应聘。老板叫琼斯特，是个非常固执的人，只要自己认定的事情，就没有人能改变。

当他看完哈蒙特的简历之后，微笑着摇了摇头说："对不起，年轻人，我们不需要你这样的人。"哈蒙特非常不解，问道："那么，您能告诉我这是为什么吗？"

琼斯特笑着说："很简单，我不满意，你曾经在弗莱堡做过一段时间的研究，你的脑子里肯定充满了一堆理论，我可不需要只会讲理论的工程师。"

哈蒙特说："我告诉您一个秘密，但是您得答应我不能告诉我爸爸。"

琼斯特非常好奇，随后点了点头。

哈蒙特说："其实，在耶鲁大学进修的时候，我并没有专注于理论研究，而是利用四年的时间去打工挣零花钱，四年内我积攒了不少。而且，在德国弗莱堡研究期间，我的大部分时间并不是在实验室度过的，而是在街头，因为我在街头卖唱。"

听完哈蒙特的话，琼斯特哈哈大笑起来，他拍拍哈蒙特的肩膀说："小伙子，我决定聘用你了，你明天去人事部办一下入职手续。"

案例中的哈蒙特在遭到琼斯特的拒绝之后，并没有努力想办法去说服对方，而是采用委婉曲折的方法解释自己，最终赢得了琼斯特的欣赏，达到了让琼斯特接受自己的目的。由此可见，把自己想要说服对方的目的隐藏起来，这样可以减少对方的心理抵触，让别人在你曲折委婉的暗示和诱导之下悄悄地被你俘获。那么，如何才能委婉曲折地俘获人心呢？

1.不妨讲个类似的故事

当你与别人的想法和看法不一致、想要别人来支持你的时候，你首先要做的就是说服对方的心。直接讲道理摆事实未必能起到相应的作用。这时候，你只需要讲一个类似的例子，在案例中把你的寓意暗含进去，让别人从你讲的类似的故事中慢慢地领会你的意思。或许对方并没有被你说服，但只要他被故事影响，就会慢慢地向你倾斜。

2.谦虚地向别人请教

当别人不接受你的建议或意见的时候，不妨虚心一些，向他人请教。比如，你在做销售时要说服客户认可你，当客户拒绝你时，你虚心地向他请教，无疑把对方推到了“老师”的位置，这样，客户在教导你的时候，也会慢慢地接受你。事实上，接受了你也就接受了你的产品，最终你便能实现说服他人的目的。

3.用对方理论为自己辩解

如果你发现别人的想法和你的不一样，那么，为了让别人顺从你，不妨用他的观点来说服他。这样，对方便不能再与你相搏，因为否定你就是否定他自己。比如，案例中的哈蒙特得知对方的要求后，巧妙地向琼斯特靠拢，实际上就是用琼斯特的观点反驳了琼斯特，从而得到了对方的认可。

4.先接受，不要直接否定

在交谈中，即便你与双方的观点相反，甚至水火不容，也不要直接否定别人。没有人喜欢被人否定，即使对方是错误的，被人否定的时候，他也会想方设法地找理由找借口辩驳。如果你先接受对方，先肯定他，然后再指出问题和毛病，一般情况下容易被其接受。很多批评高手在批评别人的时候往往先表扬对方，从而使自己的批评和意见更容易被人接受。

5.先认错，反而赢得主动

很多时候，人都觉得自己是对的，别人是错的，即使在对错很明显的情况下也不会主动认错。正所谓“可以输掉结果，但是不能输掉气势”。也正是在这种心理的作用之下，人很难被别人说服。不管这时候你是对还是错，都要主动地承认自己的问题，这样你就会绝对地占据优势。因为你在主动地解决问题，而别人在被动地应付你。可想而知，最终的结果自然是对方被你说服。

巧妙试用激将法，轻松俘获对方

生活中，很多人貌似很强势，从来不会被轻易说服。他们当中，有些人很有主见，坚持自我；而有些人则纯粹是好面子，觉得顺从别人就是示弱，故而死扛到底。不管出于哪种情况，对方都有软肋，当他们表现得强悍、不肯妥协的时候，不妨用激将法刺激他们，让他们在你的诱导下一步步地向你靠拢，最终被你俘获。

小胡是软件公司商场促销专柜的销售员。

这个周末，客户特别多，小胡忙得团团转。有一位30多岁的男人总是在柜台边转来转去，不停地向小胡咨询软件方面的问题。可是整整一个上午，这个男人拿起产品看了又看，问了又问，就是不买。

这时候小胡说：“我们的产品质量都非常好，就是价格稍微有点高，你不会因为这个原因犹豫不决吧？”

男人满脸通红，说：“怎么可能呢？这点钱对我来说根本就是九牛一毛，我怎么可能舍不得花呢？”

小胡接着说：“但是凭我的感觉，我敢和你打赌，你今天是不可能购买我们产品的，对吗？”

男人笑着说：“你还别激我，我今天就当着大家的面，买给你看。”

可是等他把钱包拿出来的时候，一脸的尴尬。

小胡接着说：“你空着两只手，拿什么买我们的产品啊？就会吹牛。”

男人神气地从钱包里抽出一张卡说道：“谁说没钱就不能买啊，你看好了，我现在刷卡了。”说完，朝小胡要过了刷卡机，顺利地完成了消费。

小胡赔着笑脸说：“看来我今天真是看走眼了。”

男人瞪了一眼说：“姑娘，别把人看扁了。”说完头也不回地走了。

小胡露出了开心的笑容。

案例中的小胡在看到客户不想购买软件的时候，用客户买不起的之类话，刺激对方的自尊心，客户最终刷卡买了软件，只为了证明自己有能力买。当然，最终的获益者是小胡。由此可见，巧用言语刺激他人，可在博弈中获得最终的“胜利”。那么，用言语刺激别人的时候要注意哪些方面呢？

1.在人多的场合下进行

激将法主要是利用对方好面子的心理，在人多处使对方不得不就范。如果不顺从，就说明对方没有能力，事实上，谁也不愿意承认自己没能力。所以，为了证明自己有这个能力，对方一般都会顺从；就算原本不想顺从，就算打肿脸充胖子，也得顺从。所以，激将法一定要选在人多的场合进行，让对方在不情愿、不乐意的情况下，一边嘴里说着不愿意，一边顺从。

2.不要针对人格和尊严

在运用激将法迫使对方就范的时候，一定要注意，说话的时候千万别针对对方的人格和尊严。针对对方的人格和尊严，会让对方根本无路可退。结果只有一个，那就是使别人跟你拼命。试想，一个人被人羞辱会是多么气愤，更何况是在大庭广众之下丢脸？如此，对方自然不会轻易罢休。所以，在用激将法的时候，一定要注意言辞和针对性。

3.找到强硬坚持的理由

如果一个人表现得强硬，不肯随便妥协，那么他一定有理由相信自己所坚持的是正确的，是值得坚持的。因此，要想改变别人的想法，让他来顺从你，你就要找到对方坚持的理由，弄明白他为什么会坚持，然后想方设法在他理由的对立面巧加刺激。对方为了不被你说中，势必会反其道而行。这样，在无形之中，对方就会向你靠拢。

4.说话时要拿捏好分寸

用激将法刺激对方的时候，一定要拿捏好分寸。要明白你是为了刺激对方，让对方向你靠拢，而不是为了嘲笑、讽刺甚至谩骂对方。话说得恰当，能引导对方向你靠拢；如果说过了头，和对方形成敌对状态，你的激将势必会导致双方的争斗，最终对方是绝对不可能改变想法、和你站在一起的。

晓之以理，动之以情

很多时候，我们在说服别人时，道理讲了一大堆，可是对方就是不肯妥协。这让很多人不知所措，觉得对方是不可理喻之人。但是，我们忘了，人是情感动物，内心深处需要情感的温暖。你动之以情，会让别人看到你的真实情感，从而走进你的内心深处。事实上，也只有让对方从情感上接受你，才能让他真正地接受你。

沐阳今年28岁，在老家人眼里已经是大龄青年了，尽管他觉得婚姻对他来说是太过遥远的事情，但是父母焦急万分，他们觉得让沐阳结婚是他们的头等大事，否则要被别人耻笑。于是，在父母的四处奔走之下，他认识了现在的女朋友沁惠。

两人接触有小半年了，可是一直没有提及结婚的事情。这让沐阳的父母更加着急。他们开始不断地唠叨，后来甚至到了逼迫的程度。沐阳每天受着这种煎熬，苦不堪言，可是对于沁惠来说，她需要的是感情。

一天，沐阳第一次提到了结婚的事情。可是不管他怎么摆事实、讲道理，沁惠就是不同意这么早结婚。在她看来，半年的相处还没有让她感觉到眼前这个男人值得她托付一生。沐阳也想好好谈一场刻骨铭心的恋爱，但是他知道，现实不允许。

沟通无果之后，沐阳动情地说："沁惠，你知道我对你的感情，是没有任何人可以代替的，能遇到你是我这辈子最大的福分。对我来说，我何尝不想和你轰轰烈烈地爱一场。幸福你渴望，我也渴望。"

沁惠望了一眼沐阳，没有说话。

"但是，沁惠，如果我们像我们期望的那样爱下去，是不是太过自私了呢？我爸爸妈妈年事已高，身体一天不如一天，他们就是希望我能早点成个家。为人儿女，你应该能体会到他们的这份心情。如果不能遂他们的愿，以致令他抑郁成疾，那么我就是罪人啊！你想想，他们养我们这么大，容易吗？我们还没来得及尽尽孝心呢，他们就……"

沁惠的心仿佛被狠狠地抽了一下，看着神情沮丧的沐阳，她紧紧地抱住了他，流下了眼泪。没过多久，沐阳和沁惠携手走进了婚姻的殿堂。

案例中的沐阳在晓之以理地劝说沁惠结婚无果的情况下，采用了动之以情的方法，终于让沁惠的心受了深深的震撼，不再坚持了。由此可见，动之以情，往往能把话说到对方的内心深处最柔软的地方，让对方被你的真情感动，最终被说服。那么，如何才能将话说得动之以情呢？

1.说话最好饱含情感

说话的时候要用自己的真心、诚心去感染听众，而不是用华而不实的话去敷衍听众。换位思考一下，如果你是一个听众，别人对你说话的时候总喜欢用一些华而不实的辞藻，不着边际地谈，相信你也会反感。在你的言语中饱含真情，让每一句话不仅是传递信息，更主要的是传递情感。所以，当你尝试了讲道理不能让对方妥协的时候，不妨流露出真情。

2.说话不妨坦诚一些

一般情况下，只有拥有一颗坦诚的心，你才会有真情流露，才能感染别人。实际上，谁也不喜欢听一些空话、套话。因此，说话的时候，不妨坦诚一些，你流露的真情会感染别人的情绪。要善于用一颗真诚的心把话说到对方最柔软的内心深处，引起对方的情感共鸣，使其向你妥协，被你说服。

3.说话要说到心坎上

每个人的内心深处都有最柔软的部分。只有把话说到对方的心坎上，触动对方内心深处最敏感的神经，才能震撼对方，让对方为之感动。每个人都有自己的坚持，但是这份坚持都有底线，超越这个底线就会妥协，尤其是情感方面。所以，说话的时候，要把话说到对方的心坎上，说到对方内心深处最柔软的地方，这样，对方自然会向你妥协。

4.用眼神和对方交流

眼睛是心灵的窗户，也是人最难以掩饰的地方。在表露真情的时候，要用眼睛和对方进行眼神交流，结合你饱含真情的阐述，如此，对方是会被你感动的。很多时候，人都习惯通过别人的眼神来判断其所说的话是否属实。你通过眼神交流把话传递到别人的心里，别人也会通过眼神来判断你说的是否属实。这样，在眼神的交流中，双方才能实现心灵的交流。

5.适当碰触对方身体

空间的距离往往反映的是心理距离。当你在动之以情地向对方表达的时候，如果只靠语言，那么别人会觉得你说得很有感情，但是没有办法真正地触动他的心。这时候，不妨拍拍对方的胳膊或者肩膀，以拉近彼此之间的心理距离，让你的表达真正地渗入对方的心里。

先认可对方，再提出建议维护对方自尊

每个人的想法和观念不同，要想说服别人来肯定你、顺从你，不是一件容易的事情。如果你直接说对方的观点是错误的，你的观点是正确的，势必会给对方的心理造成伤害。即便你所说的、所想的是正确的，别人也不会轻易顺从你，而是会想方设法地和你理论；即使你真的把对方说服了，别人也不会心服口服，你得到的不是信任，而是敌对。如果你在说服别人的时候先肯定对方，然后提出建议，这样对方就能从心理上接受，继而将你当作他的真心朋友。

姬童大学毕业之后留在了北京，她想在北京闯出自己的一番事业。但是几年过去了，她仍旧每月挣着几千块钱，勉强度日。随着年龄的

增长，父母希望她能回老家，一来找个稳定的工作，二来解决个人婚姻问题。

可是对于姬童来说，这些似乎是太过遥远的事情。她从来没有认真考虑过。因此，在是继续留在北京还是回老家的问题上，姬童和父母发生了严重的分歧，每次沟通免不了争吵。时间久了，姬童往家里打电话的次数也变少了，有时候，家里一个月也接不到她的一个电话。为此，爸爸妈妈心急如焚。

这天，爸爸主动拨通了姬童的电话，他说："姬童，你最近很少往家里打电话了，爸爸知道之前的沟通给你带来了伤害。爸爸妈妈都是为你好，你不要往心里去，好吗？"

姬童听了，宽慰说："爸，你别那么说，你和妈妈都是为我好，我怎么可能记恨你们呢？"

爸爸："那就好。不过爸爸还是希望你能够回来。你先别急，先听爸爸把话说完，好吗？"

姬童："好，爸你说吧，我听着呢。"

爸爸："爸爸知道你不甘愿就这么平凡，你想闯出属于自己的事业。爸爸也年轻过，完全理解你的心情。年轻人有梦想、有闯劲，是该干一番轰轰烈烈的大事情。这一点爸爸非常认同你，而且很支持你。"

爸爸的一番话，完全出乎姬童的意料，她内心的防备渐渐地放松了下来。

爸爸接着说："但是孩子，人不能永远生活在梦想中啊，留在北京你是可以获得更多的成功机会，可是北京的房价那么高，咱们买不起；而且你岁数也不小了，婚姻大事总不能一直拖下去吧？"

姬童："爸，婚事你们就不要为我担心了。"

爸爸：“现在老家这边的政策也很不错，你回来之后稳稳当当地找个工作，再成个家，我们一家人天天在一起，不好吗？”

姬童第一次陷入了沉思。一直以来，她都觉得爸爸妈妈没有办法理解她，可是今天爸爸的一番话触动了她的心。她开始怀疑自己的决定是否真的正确。

没过多久，姬童离开了北京，回到了爸爸妈妈的身边。

案例中的父亲在说服女儿的时候，没有一口否认女儿的想法和决定，而是站在了女儿的角度上，对她的所作所为给予了认可和肯定；然后再提出建议，最终说服了女儿。由此可见，在说服别人的时候，不要直接地否定，而是要给予认可和表示理解，之后再提出建议，以维护对方的自尊。那么，如何才能做到先认可对方，再提出建议维护他人的自尊呢？

1.站在对方的立场上理解他人

一般情况下，你之所以觉得对方的想法和观点是不对的，是因为你站在自己的立场上想问题。那么，要想改正对方的想法，使对方顺从你，你就要站在对方的立场上去理解他人。如果你一味地肯定别人，却说不出个所以然来，别人就会觉得你在敷衍他。因此，要站在对方的立场上理解他，这样别人才会觉得你能真实地明白他的感受，从而信任你。

2.在理解中包含有赞许和恭维

在对他人表示理解的时候，不妨适当地添加一些赞许和恭维的话。这样会给别人一种你很欣赏他的感觉。对方心里会因此而感到高兴，对你的防备自然也会降到最低。尽管最终还是被你说服，但是你的赞美和恭维就是对对方的肯定，即使被你说服，顺从你，对方也会满心欢喜。

3.适当降低对他人的否定程度

在否定别人的时候，可以适当地把话说得委婉一些，在否定的程度上尽量地降低一些，这样一来，对方尽管被否定了，但是心理上也是能接受的。比如，想要别人更正和调整的时候，说成“稍微调整”或者是“调整一下”，这样对方会觉得你基本上是认可他的。当你把否定的程度降到最低时，对方的对抗情绪也是最弱的。

4.语气缓和表示给予的是建议

不管是否定别人还是说服别人，语气一定要柔和一些。一般情况下，语气的强弱可以表达心理对抗的强弱。柔和的声音可降低对方的敌对情绪，让别人感觉你是在和他商量，你是在提建议，而不是在说要求。没有人喜欢被别人呼来唤去，你商量的语气让别人受到了应有的尊重，别人便会因此而信任你、顺从你。

5.表明建议后穿插征询的提问

一般情况下，人在听到意见和建议的时候，往往会处于一个模糊状态——不反对，也不立即接受。这时候，如果你适当地加一些征询式的提问，比如，“行吗”“好不好”“怎么样”等，则能引导对方向你靠拢。除此之外，这样的询问更让对方觉得受到了应有的尊重，认为你是在商量，而不是在提要求。

第 12 章　灵巧回旋，聪明沟通更易搞定难缠之人

生活中，不乏死缠烂打之人，他们要是不达到目的，绝不会善罢甘休战，而是跟你打持久战，消耗你的精力，挑战你的耐性。对于他们的软磨硬泡，很多人为了省心，最终只得顺从他们。但是，如果什么事情都由着他们的性子来，势必会给你带来不必要的麻烦。那么，对于死缠烂打的人，如何才能灵巧地回旋，在和他们的博弈之中占据优势呢？这就是这一章我们要解决的问题。

适时抬高他人，巧妙拒绝

面对别人盛情难却的邀请时，你往往没有足够的理由拒绝对方，又不好意思直接拒绝，这个时候不妨利用天花乱坠的“夸奖”来轻松拒绝对方。比如，当朋友邀请你帮他参谋一下购房问题时，买贵了，很可能遭到朋友的猜疑；质量不好，可能会被朋友埋怨。但是，你又不好直接拒绝，这时你不妨说：“你是房界的精英，看房子在这个地盘上就数你最拿手了，以前我自己买的那套房子就买贵了。”你这样一说，一般人都会听得出来，你是在委婉地拒绝他，但对方又没有理由生气。

张凯和吴方在大学的时候是好朋友，张凯的学习成绩比较优秀，吴方则很贪玩。学校举行室内设计竞赛，他们两人也一起参加，吴方什么都不会，主要是为了跟着张凯混一个奖励证书。大学毕业以后，两人都找到了工作。

有一天，领导找到吴方说：“你大学的时候，参加过室内设计竞

赛，还获得过全国大奖，我们公司现在准备重新设计一下，由你来负责，如何？”

吴方不好意思说自己参加室内设计得的奖是混得来的，又找不到合适的理由推辞，于是硬着头皮答应了，老板给的期限是五天。

吴方对室内设计其实一点也不懂，于是他打电话让张凯给自己出主意。张凯听后，心中有些不快，在大学的时候帮他的忙是想让他多获得点课外学分，如今，他自己并不会室内设计，却以室内设计来谋生。

张凯本来工作上的事情就很多，还要在五天之内帮吴方完成室内设计，简直就不可能，但是他又不好意思直接拒绝老同学，也找不到合适的拒绝理由。

思考许久后，张凯给吴方打了电话，说道：“你的头脑很聪明，其实在大学的时候，我们做的室内设计完全是根据你的灵感来创作的，要是没有你，我们的室内设计也不可能获奖。”

吴方听后心里乐滋滋的，在生活中，很少有人这么夸奖他，因为他的学习成绩非常差，于是他信心十足，说道：“过奖了，我打电话给你其实也是想和你聊聊天，毕竟毕业这么长时间了。”

张凯感觉到吴方有些骄傲了，他明白吴方已经中了自己的计了。

在这个案例中，吴方和张凯本是一对好朋友，面对吴方在工作上的请求，张凯由于自己也很忙，可又不好意思直接拒绝，于是利用天花乱坠的“夸奖”让对方轻松接受了他的拒绝。可见，在生活中，利用天花乱坠的“夸奖”往往能够让你轻松地拒绝对方。那么，如何才能做到这一点呢？

1.要学会因人而异

人的素质有高低之分，年龄有长幼之别，因人而异，突出个性，有针对性地赞美比一般的赞美能收到更好的效果。虽说“好汉不提当年勇，”但对年老者来说，他们曾经或许有过骄人的成就，希望别人能够记住他们，所以，赞美老人时应多提及他们曾经的辉煌；对年轻人则不妨赞扬他们的才华和能力，说他们前程似锦。

2.将“夸奖”说到对方心坎上

在生活中，你会发现，有些人滔滔不绝地说了半天，旁边的听众却个个无精打采；而有些人只说一两句话，便能够引起听众的共鸣。其实是后者更能够把握人究竟喜欢听什么，然后把话说到别人的心坎上，从而一语奏效。发言前先学会倾听，倾听别人谈话的重点，就可以准确地判断出这个人对什么事物感兴趣，然后就可以投其所好。

3.夸奖对方时，眼睛不妨注视着对方

眼睛是心灵的窗户，当你注视着对方的眼睛的时候，就意味着将你的心向对方敞开了。对方从你的眼神中看到了你的真诚，就会感觉和你更加亲切，进而接近你。因此，说话的时候用眼睛注视着对方，更能走进他人的心里。但是一定要注意，别盯着对方看，否则很可能引起对方的不快。此外，对于男人来说，他们或许会将女人的注视看作一种诱惑。

惹不起躲得起，疏远难缠之人

一般情况下，关系比较好的人之间说话比较随意，有时还会调侃几句；而遇到自己敬畏的人时，我们会用一些敬语，如“您”“请”等。

有些时候，面对难缠之人，虽然他和你的关系还不错，但是你确实不想和他再纠缠下去，这时，你不妨利用敬语让他感觉到你们的关系其实并不亲近，如此，识趣之人就会主动走开。

王山是一家公司的财务部会计，平时干活兢兢业业，但是经常有人来找他报假账，而那些人总是遭到他的拒绝，因此，公司里有很多人都对他不满。

有一次，公司采购部的李经理跑到财务部办公室里去转，看见王山后，李经理悄悄地对他说道："小王，我的儿子想考会计证，今天下班后能不能麻烦你帮他辅导一下？"

王山一听不是报假账方面的事情，为了搞好人际关系，就答应了。

下班后，李经理开车把王山接走了，车开到一家大饭店门口就停了，王山有些诧异，问道："李经理，你家原来在开饭店呢？"

李经理笑道："我家哪是开饭店的，我请你帮我儿子辅导会计方面的知识，总得先吃完饭吧？"

王山一听，觉得有理便不再说什么。

到饭店以后，李经理点了一大桌子的好酒好菜，王山连忙说："李经理，你用不着这么破费，我帮你孩子辅导一下功课只是小事一桩。"

李经理有些得意地笑了笑，并没有说话。

席间，当李经理有些喝醉的时候，他说道："小王啊，现在我就跟你实话实说吧，反正你酒也喝了，饭也吃了。"

王山有些诧异，但还是继续听李经理说话。

李经理说道："其实我们公司最近又采购了一批货物，大概你也听说了吧，我是想让你在报账的时候帮帮忙，多报一点，反正是公司的钱，不拿白不拿。事成之后，我给你两万，如何？"

王山说道："李经理，你喝醉了，我们还是改天再说吧。"

李经理有些不高兴，说道："别假正经了，我再给你五万，如何？"

王山没有回答李经理，直接叫人将李经理送回家了。

第二天早上，李经理又跑到财务部，看见只有王山一人在办公室，于是说道："昨天晚上我们说的那事，你考虑得怎么样了？"

王山假装没有听见，眼睛盯着李经理，大声说道："您说什么？我没听见，您能不能大声地再说一遍？"

李经理见状，有些尴尬地笑了，说道："你怎么还跟我客气了，昨晚上我们不是说得好好的吗？"

王山大声地说道："您昨晚上跟我说什么事情了，请您再说一遍行吗？"

李经理顿时明白了王山是不想帮自己的忙，于是灰溜溜地回采购部了。

在这个案例中，面对李经理的无理要求，王山多用敬语和他交流，让李经理感觉到两人的关系其实也不是那么亲密，最后只好灰溜溜地走了。可见，在生活中，多用敬语，利用"特别尊敬"之法，往往能疏远难缠之人。那么，如何才能做到这一点呢？

1.说客气话的时候态度要严肃

在用客气话来拉远双方距离的时候，一定要注意，说话时的态度要严肃一些，让对方感觉到你是很认真地在跟他说话，而不是开玩笑。关键时刻，不妨将你的话重复两遍，让对方明白你的态度。这样一来，虽然你在言语上没有拒绝，但是在态度上拒绝了对方。

2.语气缓和，但是要坚定

在用客气话和对方拉远距离的时候，说话的语气要缓和一些，不要为了表达拒绝的意思而咬牙切齿。这时候，对方知道你在表达拒绝的意思，如果你的语气带了情绪，势必引起对方的不满，令其和你发生争吵。所以，说话的语气一定要缓和，但是要坚定，暗示对方不可能再有回旋的余地。

3.要盯着对方的眼睛

说客气话拉远距离的时候，要用眼睛盯着对方，用眼神暗示对方：我很认真，我问心无愧，我作决定是经过深思熟虑的。这样，对方自然能从你的眼神上、从你的语气上、从你所说的客气话里判断出你的意思。

对于搬弄是非的小人，敬而远之

生活中的小人无处不在，难以避免，但是我们又不能忽视他们的存在，因为一着不慎，就可能全盘输在小人的身上。这个时候，如果我们能够掌握好对策，就能在在沟通中不伤和气地将小人制服。比如，夸赞对方还没形成的优点，暗示对方去培养。

王强和刘明在同一家公司销售部工作。王强为人正直、心胸开阔、说话直率；刘明比较有心计，喜欢向领导打小报告。

有一天下班后，经常和他们公司有业务往来的郑凌，由于朋友的关系想请王强吃饭，但是刘明也在，于是把他们两个一起请了。但是王强担心刘明会打小报告，因为公司有规定，员工不能私自让客户请客。

于是，在饭桌上，王强对刘明说道：“刘兄，咱俩一起敬郑凌一杯如何？”

刘明说道：“好啊，一起来吧！”

当酒喝到一定程度的时候，王强假装醉意蒙眬地说：“刘兄，我发现我们俩就是公司里的两个好伙伴，是不是？”

刘明敷衍地说道：“嗯，是的。”

王强继续说道：“我知道你很恨私下里给领导打小报告的人，其实我也恨。你放心，这次绝对没有其他人知道我们俩和老郑来喝酒，只有我们三人知道，哈哈！”

刘明只能赔笑。

王强继续说道：“我告诉你一个小秘密，我已经盯上了一个喜欢打小报告的人，一旦逮到机会，我会弄死他。”

听完王强的话，刘明吓得酒杯掉在了地上，满脸大汗。

王强见状，心中大喜，但是假装困惑地说：“你怎么？我又不是说你，你最恨打小报告的人了，你怎么可能会打小报告呢？”

刘明连忙唯唯诺诺地点头。

从此，在公司里再也没有发生过有人给领导打小报告的事情了。

在这个案例中，王强面对喜欢打小报告的刘明，没有正面表示对他的不满，而是旁敲侧击，和气地暗示刘明打小报告的后果，最后刘明再也没有打过小报告。因此，在生活中，对待小人，沟通时不要伤和气，但也无须情意。如何才能做到这一点呢？

1.夸赞对方还没形成的优点，暗示对方去培养

夸奖对方还没有形成的优点是一种不满情绪的表达，是一种赞扬性的批评。因为你在这方面没有优点，甚至是严重的失误，本该受

到批评，而你却受到了表扬，而且缺点成了优点。乍一听是在赞扬，实际上传递的却是不满。别人只是在强调这些方面，希望能引起你的注意。

2.夸赞对方表现过度的优点，暗示对方过犹不及

表现自己的优点可以让人更容易了解自己，但是如果把握不好度，表现得过多，就会变成骄傲，惹人讨厌。这时候，我们不妨采用赞扬对方优点的方式来提醒和暗示对方，传递你表达过头了、引起别人反感了的信息。这样既不会伤到彼此之间的和气，还可以很好地表达自己的不满情绪。

3.自言自语间不经意说出对对方的不满

人们都不太容易接受直接的指责，但是只要你在表达自己不满情绪时以一种无意的心态说出，就较容易让对方接受。比如，你自己觉得这件事对方做得不对，但又不好直接说出来，这时候你就要学会对自己讲、让对方听。因为没有针对性，所以没有攻击性，自然就不会有反击，但是有暗指对象。面对这种情况，对方往往更容易从心理上意识到你对他的不满情绪。

4.表现出淡漠的态度，暗示其自我反省

在人际交往中，如果自己对对方有不满情绪，那就在相处过程中表现出对对方的冷漠，不要过度地关注对方，一改自己热情好客的态度，向对方表现出淡漠，使得对方意识到问题的存在，从而主动地在自己身上找毛病。

对于热衷"杀熟"的人，妙语拉远与他的距离

在生活中，很多人热衷于"杀熟"，即喜欢拿熟人开刀。面对这种人，如果直接跟他正面交锋，会伤害彼此之间的情感；但老委曲求全、自认倒霉，又心有不甘。这时候，如果能够委婉地用妙语和他拉远距离，暗示自己并不是和他很熟，对方便不好意思再拿你开刀了。

王华和李杰是同事，平常关系非常好，但是李杰发现王华有一个毛病：王华喜欢当着外人的面揭露自己的一些丑事。这让李杰有些尴尬，但是又不好当面反驳，因为王华是带着微笑说的，而且说的都是事实。

有一次，王华和李杰一同去客户家里维修产品，维修完后，正好赶上晚上吃饭的时间，客户留两人吃晚饭。

在饭桌上，王华说道："李杰，你平时不是说客户都是'铁公鸡'吗？你看现在这家客户还像'铁公鸡'吗？"

李杰哑口无言，客户也尴尬地笑了。

气氛顿时紧张了很多。

客户这时连忙倒酒，说道："来，来，来，喝酒！喝酒！"

李杰有些不高兴，但是王华并没有觉察到。他继续说道："你啊，就一毛病，嗜酒如命。有一次，咱俩到客户家去维修，不巧看到他们在喝酒，却没有请你喝，你就生气地说，'下次再让我上门服务的时候，一定做些手脚。'"

李杰的脸色非常难看，但是碍于客户在场，又不好意思发作。他笑了笑，对王华说："谢谢您的指导和教诲，现在我向您敬一杯酒，请王总务必不要推辞，您要是再客气了，我可真是无地自容了啊！"

李杰突然将你改成了"您"，王华感觉到他和李杰的关系突然疏

远了很多。看着李杰一本正经的样子，他只好站起来把酒喝了。喝完酒后，李杰深深地向他鞠了一个躬，然后说了声谢谢。

王华有些尴尬，之后他再也没有说与李杰有关的话题。从此，在外人面前，王华再也不敢“杀熟”了。

在这个案例中，王华是一个很喜欢“杀熟”的人，对此，李杰用客气话无形之中拉远了与他的距离，暗示他：我和你不熟，你说的话别人不会信，从而让王华身处尴尬的境地。在生活中，面对热衷于“杀熟”的人，不妨采用妙语拉远与他的距离。那么，如何才能拉远跟熟人之间的距离，避免被“杀熟”呢?

1.不妨说一些客气话

生活中，由于彼此之间关系比较熟，所以对方总是肆无忌惮地向你提要求；也正是因为关系比较熟，所以很多人不好意思拒绝，结果让自己很难受。这时候，在和对方的谈话中多说一些客气话，比如，多说“您”或者“谢谢”等词，以此来告诉对方，两人之间并非那么亲密无间。这样，对方便不好意思，自然会有所收敛，如此，你便有效地避免了“杀熟”的现象。

2.把对方的话当玩笑

当熟人向你提不合理的要求时，要机灵一些。你可以把对方的话当成是玩笑，让对方明白你的意思，熟人之间开玩笑是很正常的，这样他自然不好意思再说下去了。当然，这时候，需要你的表情和语言的配合，需要你装傻充愣。比如，拍拍对方的肩膀，哈哈大笑说，“你真是太幽默了”，或者是“你真会开玩笑”。

3.及时转移话题

当你身边的人想要“杀熟”时，你要在对方刚一开口的时候就迅速转移话题，千万不要等对方把话说出来之后自己再去为难。熟人之间可以聊的话题很多。当话不投机的时候，你和对方的心就有了距离，别人自然不好意思继续和你聊下去。

4.不断地恭维对方

一般情况下，关系熟的人之间不需要恭维。所以，当你意识到对方想要“杀熟”的时候，不妨恭维对方，进而拉远和对方之间的心理距离；当对方明白自己和你并没有想象得那么熟的时候，“杀熟”的话便不好意思再说出口了。这时候，你也完全可以和他讨价还价了，不要觉得不好意思。

对于“死缠烂打”之人，适度说点狠话

生活中，有一些人在请求被你拒绝之后，并没有就此放弃，而是采用死缠烂打的方式，消磨你的意志，让你最终被他征服。当你答应了自己并不喜欢的事情之后，又往往觉得很后悔，觉得自己被人强迫了。

这些人之所以死缠烂打，是因为他们从你的言语和神情中看出，你并不是非常坚决。这样，他们便会用他们想要你妥协的意志来控制你并不坚决拒绝的心。因此，要想自己不后悔，就要适当地放点狠话，让他们明显地感觉到你的强硬态度。

年纪轻轻，小丽已经坐上了主管的位置；再加上有姣好的容貌，魔鬼般的身材，还有那不错的家庭背景，因此，小丽在公司里可谓是“金枝玉叶”。很多人都梦想着能够娶到像小丽这样的女子为妻。

有一天，小丽和老板一起外出应酬客户。在酒桌上，小丽认识了一位名叫赵德玉的年轻小伙子，对方的父亲刚好是小丽所在公司的合作伙

伴。由于业务上的关系，小丽和赵德玉经常在一起工作。慢慢地，赵德玉对小丽有了感情。

之后，赵德玉就对小丽展开了爱情攻势。他经常约小丽一起吃饭，也会送小礼物给小丽，下班的时候总是在公司门口等小丽。面对赵德玉的穷追不舍，小丽总是选择逃避。赵德玉约小丽吃饭，小丽总说没空；送东西给小丽，小丽总是拒绝。即使这样，赵德玉的追求非但没有减退，反而越来越强烈。这给小丽的工作和生活带来了相当大的压力。

这天下午下班后，小丽刚走出公司，就看到赵德玉双手捧着玫瑰花，站在不远处向她招手。小丽很无奈，但是今天她没有像之前那样不予搭理、径直走开，而是微笑着迎了上去。

他们一起去吃了饭，一起去看了场电影，之后，赵德玉满心欢喜地将小丽送回了家。在家门口，小丽说："今晚玩得很开心，谢谢你送我回家。不过你的花还是要还给你，我们之间真的不合适，真的很抱歉。"

赵德玉紧追着问："为什么啊？难道我配不上你吗？"

小丽说："这跟配得上配不上没有关系，我对你没感觉。"

赵德玉说："感情可以慢慢培养啊，你知道我喜欢你。"

小丽说道："培养出来的是习惯，不是感情。再说了，我也没有兴趣和你培养下去。"

赵德玉走上前去，拉住了小丽的手说："给我个机会吧！"

小丽狠狠地甩开，说："放手，你想干什么啊？我不是告诉你了吗，我们之间不合适，你还要我说多少遍？你再这样，我们之间连朋友都没得做！"

这时，赵德玉尴尬地笑了笑，道了声“拜拜”，钻进车里离开了。从那之后，赵德玉再也没有纠缠过小丽。

案例中的小丽在拒绝赵德玉的时候，之前选择逃避，结果对方的猛烈攻势让自己相当被动。后来她选择了直接面对，在赵德玉死乞白赖的纠缠下放了狠话，从而破灭了赵德玉的侥幸心理，成功地拒绝了对方。由此可见，在面对别人的死缠烂打的时候，千万不要心软，否则受伤的就是你自己，这时候要学会说狠话。那么，在放狠话的时候要注意哪些方面呢?

1.不要担心得罪人

如果你总是担心话说得太狠了会给别人造成伤害、会得罪人，那么你永远也说不出狠话，也拒绝不了别人的死缠烂打。别人既然敢死缠烂打，必定作好了相应的心理准备，你的言语肯定伤害不了他。这时候，你的话说得越狠，对方才越有所顾忌。因此，要想不委曲求全，不妨把话说得再狠一些，千万不要担心会得罪人。

2.语气一定要坚决

通常，人与人之间的博弈不是通过言语，而是通过气势。要想表达你强烈的拒绝情绪，说话时的语气一定要坚决，让别人在你的气势中感觉到没有任何回旋和考虑的余地。当别人明白了这个事实之后，自然也就放弃了。因为，对于没有任何希望的事情，再坚持就是跟自己过不去。你明白，别人一样也明白。

3.表情要严肃

很多时候，有的人嘴上说着绝对不行，脸上却挂着笑容。别人不会因为你的一句“绝对不行”而就此放手，相反，他们会因为你脸上的笑容而感觉到你说的话是违心的、是可以打折的。这样，就在无形之中给了别人希望。既然有希望，别人自然不肯轻易放弃。因此，在表达你的拒绝时，表情一定要严肃，要用你的神情来拒绝他人。

4.不妨来一些威胁

如果你一再地表明态度之后对方还是不肯罢手，那么你不妨来点儿威胁。告诉对方，如果他再这样，你将会采取怎样的措施。当然，你采取的措施要给他带来一定的伤害，这样才能达到威胁的效果。如案例中的小丽，面对赵德玉的纠缠时，威胁他以后朋友都没得做，结果对方为了避免这种事情发生，只好放弃了。

5.敲打外物来警示

如果你的拒绝没有引起别人的重视，对方依旧对你百般纠缠，这时候不妨敲打外物以给予对方警示，比如，摔碎一件东西，或者是敲打桌面和墙壁等来发泄你的愤怒情绪。这样，就会暗示别人，你已经很愤怒，再纠缠就会有暴力冲突的可能。当你的拒绝情绪表达到这个程度，想必没有人再敢死缠烂打了。

面对顽固之人，主动制造难题让其放弃

我们不得不承认，一些顽固的人让人很头疼，他们意志非常坚定，从来不会因为别人的意见和建议而改变什么，无论如何他们就是滴水不进，只要作了决定，九头牛也拉不回来，正所谓“不到黄河心不死”。要想让他们改变决定，就得制造他们解决不了的困难，用困难和压力让他们回心转意。

周末，爸爸妈妈带着12岁的阿龙去逛商场。在孩子们的玩具商区，阿龙看上了一艘贝壳做的航空母舰模型。按理说，看孩子喜欢玩具，做

父母的应该满足他们的要求。可是一打听价钱，要一千多块，这对于阿龙的父母来说确实有点贵。

可是阿龙非要买。用他的话说这是他见过的唯一一艘贝壳做的、这个规模的航母模型，错过了这个机会，以后想买可就找不到了。原来，阿龙之前一直在找，始终没有找着，今天无意中碰到了，那是自然不肯轻易地放过。

于是爸爸走了过来，又是给他讲道理，又是哄他，最后爸爸发怒了，狠狠地批评了阿龙一顿。可是阿龙始终站在航空模型前，并紧紧地抱在怀里不松手。爸爸无奈地站到一边不管了。

妈妈走了过来，给他讲家里的艰辛，爸爸妈妈挣钱的不易，可是阿龙始终不为所动。很显然，他想要这个模型的决心很大。如果今天不能如愿，他是绝对不会妥协的。售货员见此情景，趁机过来游说阿龙的爸爸妈妈购买。

爸爸气不过，抓过阿龙狠狠地打了两巴掌；妈妈也站在一边不断地数落阿龙。可是阿龙就是不松手，就连妈妈也掰不开他紧握着航母的手。他低着头，什么话也不说，只是不肯松手。

这一下，可真让爸爸妈妈有些为难。买了吧，确实有点贵，再说上个月刚刚买了一艘；不买吧，阿龙的表现他们也明白，他是绝对不会放手的。妈妈走过去对爸爸说：“看样子他是非要不可了。你看要不……”话刚说到这里，爸爸狠狠地瞪了她一眼。

爸爸不再说什么，径直离开了商场，妈妈望着阿龙，无奈地也离开了。他们在商场外面等着阿龙走出来。阿龙见爸爸妈妈离开了，也只好放弃了。因为他自己没有钱，没有爸爸妈妈的支持，他是无论如何也解决不了这个问题的。

见阿龙闷闷不乐地从商场里走了出来，爸爸妈妈对视了一眼，什么也没说，带着阿龙回家了。

案例中的阿龙非常倔强，不肯放手、不肯妥协。最后爸爸妈妈不再管他，自行离开了。他们明白，阿龙想买没钱，这个难题他是无论如何也解决不了的。事实上，也正是因为这个无法解决的困难，让阿龙放弃了。由此可见，要想让顽固的人改变主意，就要给他制造一定的困难，用困难来阻止和改变他。那么，在用困难来阻止顽固之人的时候，要注意哪些方面的影响因素呢？

1.困难要大，确保对方无法解决

既然是要用困难来阻止对方、让其放弃之前的决定，那么你所创造的困难一定要大，确保对方尽其全力也没有办法解决。如案例中的爸爸妈妈，把解决钱的问题和困难摆到了阿龙的面前，阿龙无论如何也解决不了这个困难，所以最终不得不放弃。因此，在制造困难的时候，一定要确保困难远远高于对方的解决能力，否则，对方不会妥协和转变。

2.表明态度，不要被模糊

在为别人设置困难之后，一定要表明你的态度，千万不要随着时间的推移降低你的要求。比如，你为对方创造了买宝马才肯结婚的困难，对方会提出买奥迪折中的要求，这时候你的态度一定要明确。这样，对方买不起自然会放弃你，你也就轻松地拒绝了他人，不用再在为什么之间纠缠。

3.在对方陷入绝境的时候及时出现

当对方在你设置的困难面前不知所措的时候，你一定要及时地出现，告诉对方要尊重自己，尊重现实，懂得回头。因为困难很大，对方根本无法克服，所以会感到迷茫，信心也会动摇。这时候你再来劝说对方回头，正好给对方引导。对方也不必担心回头后受你嘲笑面子上过不去的问题。你的出现无疑给对方铺设了一个台阶。

4.要适时表现你的冷漠和不关注

当对方解决不了困难、来求助于你的时候，要适时地表现出你的冷漠和不关心。如案例中的阿龙，如果不是父母离开了、不管了，他是绝对不会轻易放弃的。也正是因为父母的离开，使得困难和压力须由他自己承担，而事实上他根本承担不了。因此，要及时地用你的冷漠和不关注来增大对方遇到的难度，这样能让对方更快地转变。

第 13 章　觥筹交错：社交会客时如何更胜一筹

生活中，有些人特别会应酬，总能在社交中占据优势，有些人则显得拙口笨舌，说话不招人待见，不会应酬。而是否能在交际场合应付自如，直接关系着一个人的人脉关系以及办事的能力。那么，如何说话、如何交际才算得上从容应酬呢？这并不是每个人生来就会的。当然，除了个人的天资、悟性以外，还有一些技巧性的东西值得学习和借鉴。这一章将为你一一道来。

巧用寒暄，打开沟通的局面

生活中，我们发现很多人非常健谈，不管遇到什么人，他都能在最短的时间内和对方相谈甚欢。而有些人则相对来说比较木讷，遇到陌生人不敢说话，需要用时间来增加了解。或许你会说这是因为他们的性格不相同，第一种人比较外向，第二种人比较内向。事实上，并非完全如此。究其原因是前者比较会寒暄，能在寒暄中令沟通和交流一步步地加深。

对于踏入销售行业只有半年时间的王刚来说，销售并不像他之前想象的那么难。仅仅用了半年的时间，他的销售业绩已经跃居公司第一，前几天，他刚被提升为销售经理。事实上，他的性格稍微有些内向，按理说并不太适合做销售。当谈到有什么销售秘诀的时候，王刚只是笑了笑说："这有什么秘诀啊？只要会寒暄，能和客户搭上话，单子就聊出来了。如果话都搭不上，怎么谈业务？"

这天，王刚又去拜访一个很大的客户。他对这个客户了解得并不多，因此去拜访之前心里多少有些没底。当他走进客户的办公室之后，看到了很多非常漂亮的花，而客户正在专心致志地给花浇水。这时候，他的内心深处已经有初步的谈话方案了。

他对客户说："想不到你是这么高雅的人，这么爱惜花草，说明你是个热爱生活的人。"

客户说："是啊，我比较崇尚自然，总喜欢在花花草草中感受生命的那份清新。"

王刚说道："是啊，我们总是因为每天的工作而活得很累，每天为了追逐金钱、权力，为了更多的物欲，在成功这个魔咒的驱使下沦为生活的奴隶，而忽略了原汁原味的生活。"

……

他们以热爱生活为话题，谈了很多对生活、对生命的理解，继而谈到了对生活的态度、谈到了生活中的烦恼。两个人越谈越投缘，彼此有种相见恨晚的感觉。整整一个下午，他们俩窝在办公室里探讨生活。

后来，王刚离开的时候，客户拿过合同看也没看就签了。他握着王刚的手说："想不到在浮浮沉沉的商海中还能遇到个惺惺相惜的知音，真是太不容易了。有时间了一定要常来坐坐啊！"

王刚握着客户的手，郑重地点了点头。后来在和客户的接触和交往当中，对方又为他介绍了很多业务上的关系。

案例中的王刚之所以能迅速地获得客户的认可，就是因为他善于寒暄，能够在短时间内和客户找到共同话题，并且一步步地交谈下去，最终走进对方的内心深处。在人际交往中，我们遇到的大多数人都是由陌生人一步一步地熟悉起来的。因此，我们要学会寒暄，学会和陌生人找到共同的话题，展开交流。那么，和陌生人寒暄的时候，要如何一步步地深入呢？

1.察言观色，迅速发现共同点

一个人的心理状态和精神面貌，会或多或少地从他的衣着、表情和谈吐方面有所体现，只要你多留心一些，不难发现对方的职业、爱好以及性格上的特点。这时候，你会发现对方身上和你有很多相似点。当然，发现了共同点后，也要和自己的兴趣联系起来，否则，就算打破了沉默，也会说几句话就没了话题，使双方的谈话交流再次受阻。

2.说话询问，积极探寻共同点

陌生人待在一起不说话，会觉得沉闷。有时候，随着空间距离的缩小和时间的延长，人们之间的信任感会逐渐增加。人们开始试着通过借报纸和帮助别人来打开交流的话题。这种融洽的效果似乎是很偶然的，实际上也有必然的因素在里面，只有通过询问才能发现共同的话题。

3.听人介绍，努力捕捉共同点

去朋友家做客或者是参加别人的婚庆等，都有可能与主人的亲戚和朋友见面。在见面的时候，主人会介绍彼此，比如，张三是同学、李四是同事等。大家都是主人的客人，有时候不免要待在一起吃饭或者是聊天，彼此之间更需要进一步交流，这时可以抓住他们都是主人朋友这个共同点展开话题。因此，主人先前的介绍是非常重要的。

4.揣摩谈话，用心寻觅共同点

为了寻找和陌生人之间的共同点，可以在别人谈话的时候花点心思去分析和揣摩，也可以在和对方的交谈中留意，从而发现更多的话题。留心别人的谈话，可以找出双方的许多共同点，进而增加交流，给彼此带来精神上的愉悦的同时，也让自己增加了许多社会阅历。总之，只要你留心周围的人或者事，你的身边永远不会有陌生人。

多听少说，听出有价值的信息

很多富有心计的人，在与陌生人初次见面的时候，话非常少，总是引导别人滔滔不绝地说，而他却在认真仔细地听，从而在对方的言谈中尽可能多地获取对自己有利的信息。你掌握了对方的很多信息，对方却对你一无所知，那么这时候，在人与人之间的博弈当中，你就占据了绝对的优势。

咏梅是个非常有心计的女孩子。平日里她总是表现得非常矜持，话很少，但是她并不笨，她心里琢磨的事情可多着呢。

最近，别人给她介绍了一个对象。她没有像别的女孩子一样问对方的收入、问对方的家境等，她心里明白，要是这么问了，即使两个人再合适，也是没有结果的。她明白与物质有关就与感情无关的道理。

所以，在他们初次见面的时候，她总是保持沉默。男方为了讨她欢心，一直主动找话题和她聊。说是聊，咏梅也只是笑一笑，点点头。她的心思更多地在男生的说话上。

男生聊了他的生活，聊了他的工作以及家庭、朋友关系等。在男生说得不亦乐乎的时候，咏梅对男生有了一个大概的了解。他家中有几口人，对方是否善于社交，是否能处理好人际关系以及对方的收入、家境，而男生对她却一无所知。

由于她得知了男生家境不错，收入也很不错，因此在谈恋爱的时候提高了消费的档次，而男生也能接受，所以两人相处得非常愉快。她从来没有问过男生的各种条件，这让男孩觉得，她并不是一个物质的人，跟他在一起，更看重的是感情。而实际上，咏梅却是一个非常物质的人，只是她富有心计，把自己隐藏得很好而已。

一段时间之后，两人牵手走上了红地毯。当她掌握了家里的财政大权之后，她给自己购置了大量的高档化妆品和金银首饰，给自己买了一辆豪华的家用小轿车，用去了家里的大量存款。

直到这时候，男生才明白，咏梅并不是更看重感情，而是更看重他的存款、他的收入。但是这时候他已经无可奈何，只好拼死拼活地供养这个富贵的老婆了。

案例中的咏梅在和丈夫第一次见面的时候，表现得比较沉默、比较矜持，在对方百般讨好她的时候，她的心思全在对方说的每一句话上。她套到了她想知道的信息。由此可见，在应酬交际的时候，要把说话权交给对方，让对方多说话，从对方的话中套到尽可能多的有用信息，这样，你才能在和对方的进一步接触和交往当中占尽优势。那么，如何才能从对方的话中套取有利信息呢？

1.适当地保持沉默

在交谈中，如果你适当地保持沉默，对方为了和你交流，就会想方设法地和你交谈。事实上，你这时候已经占据了气场的绝对优势，你的主要任务就是用心、认真地去倾听，因为对方是真心想和你交流，对你的防备比较小，所以对方的话语中流露出的信息也会比较多。

2.及时地引导对方

如果对方觉得你心思重，不愿意多说话，那么就要及时地引导他。比如，问一些对方的事情，因为你发问表明你有兴趣，这样对方也会及时地得到鼓励，尽情地表达下去。如果你不询问，对方觉得自己所说的对你来说没有任何吸引力，就会打消继续说下去的念头。

3.仔细捕捉信息

在别人表达的时候，要用心捕捉对你有用的信息。比如，从对方的介绍中了解别人的为人处世，了解对方的脾气个性等。这些信息，可以在日后和对方的交往中为你所用。别人暴露的信息越多，你占据的优势越大。因此，在倾听的时候多用点心，对你想要了解的信息要有敏感度。

4.把心用在言语“后”

和别人交谈时，说每一句话都要有用意。如果说得太直白，则会让对方对你有警惕心。因此，把你的心用在言语的“背后”。比如，你可以问对方的工作累不累，别人在谈工作的时候，就会有意或无意地暴露自己的收入；说对方一定很爱家人，探知对方是否孝敬父母等。这样，你得到的信息也是真实的。

5.不要暴露自己的心

你心里想什么，要隐藏得严严实实的，不要被对方看穿。如果别人知道了你缜密的心思，自然也会对你进行严密的防备。这样对你来说并不是什么好事。因此，说话的时候表情和神色都要从容大方，言行举止也要自然。只要别人没有办法探知你的内心，对你来说便是最大的益处。

逢人减岁、遇物加价的说话之道

事实上，人都有虚荣心，都好面子，都喜欢在别人面前显摆自己，喜欢让别人觉得自己越活越年轻，希望让别人认为自己生活过得还不错，买得起高价钱的物品。尽管岁数已经不小了，尽管买的东西很廉价，但是人们总希望这种虚荣心时刻都能得到满足。

这也就使我们不得不佩服生活中那些特别会说话的人。他们总能逢人减岁、遇物加价，把话说到别人的心坎上，满足别人的虚荣心，从而让人心情愉悦、心花怒放，因而大家都乐意与这样的人相处。

这天傍晚吃完饭后，张玉便带着孩子到楼底下遛弯。由于天气晴好，空气清新，因此楼底下的邻居特别多。张玉和邻居王大姐拉起了家常。

不一会儿，楼上刚结婚的小媳妇邓梅也下来遛弯。邓梅老公家境不怎么好，所以结婚的时候也没怎么讲究。邓梅穿的衣服也很普通，不像一些有钱人家的小媳妇全是大品牌的。

王大姐看到邓梅后，说道："哎呦，新娘子，你可真是花枝招展啊！这衣服真漂亮，多少钱买的啊？"

王大姐怎么能看不出来邓梅穿的衣服并不是高档服装，她这么说多多少少有些揶揄的意味。

听王大姐这么说，邓梅非常尴尬，价钱说低了吧，肯定会被王大姐当场嘲笑，旁边那么多的邻居，她的脸面肯定下不去；价钱说高了吧，也担心会被别人揭穿，让自己很没面子。她脸上红一阵白一阵，不知如何是好。

这时候，站在一旁的张玉笑着说："一看这衣服就是高档货，我前天在商场里看到了这个款式，觉得非常漂亮，本来打算买的，后来一看价钱，2000多呢！就打消了这个念头。没想到小邓也喜欢上这件衣服了。"邓梅感激地望着张玉，眼泪都快掉出来了。

王大姐这时候说道："还是年轻人好啊，穿啥都觉得物超所值。你瞧咱们这一大把岁数的，就算是穿了再好看、再高档的衣服，也不好看啦！"

张玉说："谁说我们王大姐老了？你看这皮肤保养得跟18岁的小姑

娘似的。要是不知道的人，还以为你还是没出嫁的姑娘呢！”

王大姐喜上眉梢，咧着嘴笑着说：“这媳妇就会说话，把人说得心里甜蜜蜜的。走呗，到我们家吃饺子去。”

案例中的张玉巧用遇物加价的方式解了邓梅的尴尬，又用逢人减岁的方式博得了王大姐的喜爱，从而赢得了良好的人际关系。由此可见，在说话的时候，要理解别人的虚荣之心，及时地满足对方，把话说到对方的心坎上，让别人开心，从而营建良好的人际关系。那么，究竟如何才能做到逢人减岁、遇物加价呢?

1.站在别人的角度理解他人

每个人都有自己的出发点和的情感。站的角度不同，人的感受也不同。比如，案例中的邓梅，由于老公的家境不好，因此买的衣服都很普通。王大姐的话无疑刺伤了她。而张玉则站在她的角度及时地帮她解了围。如果张玉没有站在她的角度来想，很可能会说出实情，让她下不了台。因此，要想把话说到别人的心坎上，不妨多站在他人的角度上去想问题。

2.察言观色，揣摩对方的心思

一个人心里的所思所想，会从他的言谈举止中流露出来，一个眼神、一个表情都能将他的心出卖。因此，要想把话说得中听一些，不妨多注意观察对方，从一个个不经意的小动作中觉察出对方的心思。对方担忧什么、希望什么、喜欢什么、厌恶什么，当你明白了这些之后，再加以迎合，那么你说出来的话就能取悦人心。

3.不要触到他人的忌讳和雷区

俗话说“矮子面前别说短话”，对于有缺陷的人来说，是最忌讳别人提那些缺陷的。同样，对于他人的忌讳和雷区，也要多加留意。说者无心，听者有意。或许你并没有嘲笑和讽刺别人的意思，但因为是对方的忌讳和雷区，所以他会对此比较敏感，不要因为你的一句不经意的话而让别人对你产生憎恨。

4.心存善良，少说刻薄的话

平日里说话的时候，嘴上积点德，说话和蔼一些，少说刻薄的话。这样，就会在无形之中给别人留下好印象，从而赢得好人缘。生活中的一些人，尤其是一些工于心计的人，总喜欢在言语上挤兑别人，看着别人倒霉，他开心；看着别人开心，他心里不舒服。像这样蛇蝎心肠的人怎么能懂得体会别人呢?

5.照顾他人的面子

人都有虚荣心，都希望能表现得比别人优秀一些，都希望得到别人的夸奖，以显得自己很有面子。这是人性，无可厚非。因此，在平时说话的时候，多说别人的好话，多赞美和认可别人，多照顾别人的虚荣心理，给他人留足面子。这样，别人就会心存感激，以同样的方式来回馈你。

你不可不会说的助兴祝酒词

在生活中，朋友聚餐，同事聚会，往往都会喝酒助兴。在酒桌上，若不会说祝酒词，会被大伙儿笑话，有时候还可能成为酒桌上的冤大头，被人灌了酒却哑巴吃黄连——有苦说不出。因此，学会一些基本的祝酒词，不但能在关键时刻帮助你表情达意，拉近彼此之间的情感，还可以助你在朋友同事之间进行劝酒和互动，让酒宴的气氛更为热烈和融洽。

由于工作上的出色表现，小王最近刚刚被提拔为公司的副总经理，为此，在同事们的一致要求下，小王在酒店里订了几桌酒席，一来表达对领导的感谢，二来祝贺自己高升。

办酒席的那天，公司全体员工都参加了。每个人的脸上都洋溢着喜庆。在酒席开始之前，小王作了一个简单的讲话，讲话中感谢了领导的栽培和提拔以及同事和下属的支持和帮助。在他的提议之下，大家举杯庆贺。

随后，小王来到领导们坐的那一桌，按照领导职位的大小，挨个儿给他们敬了酒。看着小王红光满面，经理提议说："今天是小王的喜庆日子，我们大伙也来沾沾小王的喜气啊！"说着满上了一杯酒。随后，从经理开始，各个领导开始回敬。

大家一口一个王总，上司敬酒又不能不喝。小王只好来者不拒，不一会儿已经喝下了十几杯。大家见小王满脸红光，怕喝醉了丢丑，也再没劝他喝酒。

高兴了领导，不能冷落了同事。于是小王又到各个餐桌前敬酒助兴。由于小王高升了，以后便是领导了，再加上是他做东，所以还没等小王说话，同事们就你一杯、我一杯地敬起酒来。

小王一看，心里一阵紧张，本来已经喝了不少了，再喝可就要出问题了。这几十人一人一杯，可够他受的。于是他赶紧举杯说道："谢谢大家的厚爱，我敬大家，浓浓的敬意全在这杯酒里面。以后还要多多倚仗各位的帮助和支持呢！"

没等同事们和下属们说话，小王已经举杯喝完了。随后他说："大家吃好，喝好，玩好。我不胜酒力，就先不陪大伙了。谢谢大家了。"说完鞠了一躬，向下摆了摆手，示意大家入座继续。

案例中的小王及时地说出了助兴祝酒词，不但恭维了下属，而且把下属的敬酒挡了回去，可以说是起到了一箭双雕的作用。由此可见，会说一些祝酒词不但能让你在酒桌上进退自如，还能让你在人群中获得尊敬。那么，我们需要掌握的助兴祝酒词究竟有哪些呢？

1.划拳游戏来助兴

很多人在喝酒的时候，都喜欢通过划拳来助兴，通过划拳达到交流感情、互动游戏的目的。北方玩的一般是传统的猜拳。在出拳的时候往往会带着对对方的祝福，对美好生活的祝愿，以及表达增进两人情感的意思。比如，六六高升、四季发财以及哥俩好等。还有的地方玩猜数字的拳，比如，十五、二十等，但这只是简单的游戏，没有任何的祝愿。

2.代表恭维的敬酒

很多时候，在酒桌上，遇到年长者，或者是身份地位高者，或者是关系特殊的人时，主人都会尽地主之谊，向对方敬酒。一般情况下，敬酒是必须要喝的，不喝就意味着对主人大不敬。但是主人敬酒的时候也要说一些恭维和赞扬的话，以拉近彼此之间的感情。这样对方才会心甘情愿地喝你的敬酒。如果你什么也不说，会让别人觉得没意思。

3.代表祝愿的碰杯

一般情况下，表达祝愿的时候都会碰杯。两个人拿着杯子相撞代表着互相帮助和祝愿朋友的意思。有的人为了表达感情深，碰杯的时候要出点声音。在碰杯的时候，提出者要说个碰杯的理由，如说两个人感情好，或者是祝愿对方、感谢对方等话。提出者的杯口要低于接受者的杯口，代表对对方的尊重。

4.代表热情的劝酒

在酒桌上，如果没有理由，人们一般不会自己喝酒。所以，为了让别人喝高兴，就要劝酒。劝酒表达着你对对方的热情。但是劝酒的时候也要说服对方，如果不能说服，对方一般是不会喝的。这就考验劝酒人的嘴上功夫了。劝酒的时候也可以敬酒、可以划拳，目的是让对方喝高兴。

5.拒酒需要有理由

面对主人或者是别人的热情劝酒，一些不胜酒力的人往往会找个理由来拒绝，让自己少喝酒。当然，拒绝也要找到合适的理由，才能让对方放弃。一般情况下，身体有病喝不了酒，或者是开车等原因，都能得到别人的谅解。否则，别人会觉得你在假装，要是不热情招呼你喝酒，恐怕要被你说招待不周了。

遭遇尴尬，机制幽默化解

在交际的时候，如果有人说话不注意，很容易触犯对方的雷区，造成尴尬的局面。这时如果不及时地处理，势必会造成双方的误解，给继续交往制造障碍。这时候，最聪明的做法就是把场面幽默化，给双方都找个台阶下。尽管对方知道你并不是真幽默，但是也会将之当成玩笑，一笑了之。

一天，黄花带着女儿敏敏到邻居家做客，邻居王大姐非常热情，拿出很多美味的食物来招待她们。敏敏从小没有见过钢琴，所以到王大姐家之后被钢琴迷住了。因此，她一手拿着一瓶酸奶，一手在钢琴上摸着。后来，敏敏将酸奶放在了钢琴上，两只小手在钢琴上乱按着。

黄花听到后，喊道："敏敏，你在干什么呢？"孩子一听，赶紧逃离，可是一不小心，将酸奶一下子撞倒了，酸奶流满了琴键。黄花看到后很生气，抬手照着敏敏的脑袋就是一巴掌，声音非常响。敏敏被吓坏了，“哇”的一声号啕大哭起来。

王大姐听到声音赶过来，愤怒地指着黄花的鼻子吼道：“你干吗打孩子啊？你的手怎么这么欠？”

这一嗓子吼出来，空气顿时像凝固了一样。黄花狠狠地瞪着王大姐。王大姐知道自己的反应太过激烈了，随后赶紧说：“你知道你这一巴掌是什么后果吗？这孩子原本可以当大学教授的，就这一巴掌，把个好端端的大学教授给打没了。”

黄花也轻松地笑着说：“大学教授，她有那个脑袋，太阳就得打西边出来了！”

王大姐也笑呵呵地说：“那可说不准！你看看她天庭饱满，让人一看就能感受到里面的伟大智慧和聪明。”

黄花转身对敏敏说：“还不快谢谢王阿姨，你听听王阿姨怎么夸你呢！”

看着流满了酸奶的琴键，王大姐内心很不高兴，但是她并没有表现出来。相反，她发现了敏敏音乐的天赋。于是对黄花说：“这孩子看起来很喜欢音乐，跟音乐有缘。要不让我教她钢琴吧！”

……

案例中的王大姐在黄花教训了孩子之后，冲她大吼了一声，这一声让双方陷入了尴尬。幸亏她及时地用幽默化解了这份尴尬，并且另辟蹊径地将对方从其造成的失误中解救出来。由此可见，在应酬的时候，出现尴尬场面时，要机智地用幽默来化解，从而解除尴尬。那么，究竟该如何用幽默来解除应酬中的尴尬呢？

1.将不小心的批评转成恭维

对方在说话的时候不小心说出了对你的不满，或者是刚向别人抱怨完你，结果你出现在了他的身边，这种尴尬的场景生活中经常出现。比如，你在抱怨张三：“张三真不是人。”结果张三刚好听到了。这时候你不妨说：“竟然能在这么短的时间内办成这事，神仙也办不到啊！”这样，你的咒骂就有了恭维的意思。

2.为无意中的对抗找个理由

有些时候，对于别人说的话或者做的事情，你在不假思索的情况下表达了你的愤怒，结果被对方听到了，这无疑使你和对方处在了对立面，当然不是你想看到的局面。这时候，要及时地给你的表现找个合适的理由。比如，案例中的王大姐，无意中指责黄花打孩子，结果话说出了口又觉得不合适，于是找了把孩子大学教授的脑袋打没了的理由，两人的对抗情绪随之解除。

3.用自嘲来解你自己的失误

有时候，我们会因为自己的小失误而陷入尴尬的境地。如果不及时处理，便会成为别人茶余饭后的谈资。比如，冬天走路的时候不小心摔了一跤，周围的人在驻足观看。这时候不妨说：“幸亏我弹性好，要不然地球上就要多一个黑洞了。”别人听了哈哈大笑，自然不会再留意你的尴尬。

4.巧妙将别人口误变成调侃

我们和别人交往的时候，别人看到了你的缺点，虽然碍于面子不好意思说，却又在不经意间说了出来，两人由此陷入尴尬。比如，你很胖，对方很小心地回避这个话题，可无意中还是说出了你很胖的意思。这时候，你不妨自嘲一番，“胖子坐公交车可以买一张票，坐两个座位，实惠。”这样对方也会心领神会，不再自责。

突发情况来临，如何妙语应对

生活中，有太多的意外随时都有可能发生。由于意外的不可预见性，因此在发生意外的时候，人们往往处于惊慌失措的状态中。很多人过于激动和害怕，结果在抱怨和指责对方的时候伤害了对方，使双方的关系蒙上阴影。如果这时候能多一分冷静，少一分抱怨和指责，那么对方不会由此变成你的敌人，而会成为你更加亲密的朋友。

张舒和刘军是非常要好的朋友，他们俩从小就认识，一起上的大学，就连大学毕业后，也在同一个公司上班，可以说是非常熟悉。可是最近两人有了很深的矛盾，甚至到了水火不容的地步。

原来，前不久，两人辞职后一起创业，每人投入八万块钱开了一个火锅城。起初几个月运营得非常好，两人多多少少也赚了一些钱。可是后来，由于餐饮业越来越不景气，火锅城惨淡经营，入不敷出，面临着倒闭的危险。他们不但把之前赚的那部分赔了进去，还搭了不少老底。

这时候，他们俩再也不是兄弟感情了，而是不断地抱怨对方不认真，指责对方瞎指挥。后来，为了变卖火锅店，彼此还动了粗。他们都发誓老死不相往来。

一晃半年过去了，有一次，他们共同的好朋友邓娟从外地回来了。当她得知张舒和刘军因创业失败而水火不容的消息后，在双方不知情的情况下将他们约到了一起。最终，在邓娟的调解下，两人和好如初。

事后，张舒感慨地说：“想想也可笑，我们几十年的感情，最后竟然为了钱而闹翻了，真是太不应该了。”

刘军也不好意思地说："是啊，本来做生意就有很大的风险，挣了钱就是兄弟，赔了钱就是仇人，那咱们俩的感情也太经不住考验了。"

张舒说道："也怪咱们当时太不冷静了，一冲动做出了差一点让我们遗憾终身的事情。幸亏邓娟这次来了，为我们哥俩解开了心中的疙瘩。"

刘军道："我也真是的，出了问题不解决，却在一边推卸责任，想想实在也太不应该了。"

两人你看看我，我看看你，会心地笑了起来。随后他们一起去喝酒，回忆当年的那份真情去了。

案例中的刘军和张舒，在遇到突发情况的时候，没有及时地沟通，结果给双方的情感造成了很深的裂痕。由此可见，在与人相处的时候，面对突发的情况，要冷静地思考解决的方法，而不要一味地抱怨和指责。只要沟通到位，双方就能一起抵抗意外；但是如果沟通不到位，朋友也可能变成仇敌。那么，在突发情况来临的时候，如何沟通才能处乱不惊呢？

1.从容镇定，不要慌乱

在应酬交际的时候，谁也不会料到会发生突发情况，因此谁的心里都没有准备。这时双方势必都很恐慌。人在这种状态下说话和做事是不理性的，也不成熟。一句话说得不合适，就会给对方造成伤害，使双方的关系蒙上阴影。因此，发生突发事件之后，要从容镇定一些，不要慌乱。只有内心稳定，才能理性思考，才能知道该怎么办。

2.迅速寻找解决方法

出现突发情况之后，除了保持冷静之外，还要尽快地想办法解决突发情况带来的问题。在这种情况下，知道了怎么办，内心的恐慌便会减少很多。同时，你迅速地找到解决的方法，也能让对方感觉到一份安定。所以，不要慌乱，更不要脑子里一片空白。要迅速地冷静下来，解决问题才是关键。

3.不要抱怨和指责

一般情况下，在出现意想不到的突发事件之后，人的反应往往是追究责任；在责任不明确的情况下，往往会互相指责、互相抱怨。这种指责和抱怨会比突发情况带来的伤害更严重地伤害到彼此之间的感情，令两人的接触和交往蒙上阴影。因此，不论发生什么事情，永远不要抱怨别人。

4.无论如何要彼此信任

两个人之间最忌讳互相猜疑，尤其是遭遇突如其来的变故时，互相猜疑将会使得彼此之间失去信任。没有了信任，双方的关系也就到了最危险的时候，没有人喜欢和一个连自己都不信任的人交往。要记住，当突发情况来临的时候，不管造成的伤害多么大，只要彼此信任，就能解决问题。

5.有问题不妨一起商量

很多人在出现问题的时候，往往习惯自己来解决。事实上，这时候你不和对方商量对策，无疑会让别人觉得你不信任他。既然双方在交往、在接触，就说明是拴在一根绳子上的蚂蚱，互相是有关系的。既然如此，出现问题之后，不妨一起商量对策，说不定他人的主意能更好地解决问题。